AF229084

CONJURATION PERMANENTE

CONTRE

LA MAISON ᴅᴇ BOURBON

ET LES ROIS DE L'EUROPE,

Depuis le ministre NECKER, jusqu'au ministre de CAZES,

et depuis l'abbé GRÉGOIRE, jusqu'à LOUVEL.

A PARIS,

Chez le NORMAND, Imprimeur-Libraire,
rue de Seine.
et chez PONTHIEU, Galerie de Bois, n°. 201.
1820.

IMPRIMERIE DE BRASSEUR AINE'
rue Dauphine, N° 36.

CONJURATION PERMANENTE

CONTRE

LA MAISON DE BOURBON

ET LES ROIS DE L'EUROPE,

Depuis le ministre Necker, jusqu'au ministre de Cazes, et depuis l'abbé Grégoire, jusqu'à Louvel.

———

Une race impie, connue en 1790, sous le sobriquet de *jacobins*, et en 1815, sous le titre de *libéraux*, a préparé, par des menées sourdes, l'extinction de la famille des Bourbons et la chûte des rois de l'Europe.

Elle a commencé par changer les vertus en vices, multiplier les libelles contre l'autel et le trône.

Tandis qu'elle retenait prisonnier dans son château Louis XVI, le père du peuple, et qu'elle fermait ces temples sacrés, où des sujets heureux et reconnaissans chantaient en chœur le *Domine salvum fac regem*, les chefs de cette race maudite, réunis à cette bande de beaux esprits à froide métaphysique, choisissaient dans l'école du marquis de Lafayette, auteur de ce précepte que l'*insurrection est le plus saint des devoirs*, les élèves les plus frénétiques pour faire périr par le fer ou le poison, les princes français qui s'étaient retirés au-delà du Rhin.

Lisez les révolutions de Paris, par Prud'homme, colportant tous les jours, cette sentence homicide : « les grands ne sont grands que, parce que nous sommes à leurs genoux, *levons-nous.* »

Lisez les révolutions de France et du Brabant par Camille-Desmoulins, qui provoquait les gens du peuple à marcher sur les rois, les prêtres, comme sur des bêtes fauves.

Lisez cet ami du peuple par Marat, qui demandait 25,000 têtes de prêtres, de nobles, de banquiers, de commerçans, d'épiciers, par jour jusqu'à leur extinction.

Lisez enfin toutes les feuilles de ce temps, d'où découlaient ces sucs empoisonnés qui donnent la mort.

Les messagers de cette horde jacobite distribuaient dans les villes et dans les campagnes ces poisons littéraires qui font souvent, de l'homme faible, un fanatique farouche.

C'est dans la classe vulgaire pour qui le vrai philosophe est le laboureur, et pour qui les lycées ne valent pas une grange après la moisson, que ces vils démagogues propagèrent, par tous les genres des plus criminelles séductions, la haine contre les rois et la religion du Christ.

La propagande était nombreuse. Elle ne pût amener cependant que peu de français, dans les cavernes éclairées des flambeaux du crime.

Elle les arma de poignards, de stylets et de poisons. Elle les dispersa sur la surface du globe.

Les néophytes, ennivrés des systêmes d'insurrection reçurent l'ordre de frapper les princes français, alors dans les états de Sardaigne.

Une lettre datée de Chambéry, le 15 novembre 1790, trouvée dans *l'armoire de fer*, met au nombre des assassins un prêtre qui avait renié son Dieu et son Roi : voici ce qu'elle contient :

« Un événement singulier va donner naissance à bien des mensonges et des fables. Un prêtre nommé Dubois de Miré, employé dans le diocèse de Soissons et pensionné, dit-on, ou tenant un bénéfice de la maison d'Orléans, est venu il y a trois mois se présenter à M. l'archevêque de Paris, avec une lettre de M. l'évêque de Soissons. L'archevêque n'ayant aucun moyen de le placer lui a conseillé d'aller trouver l'évêque d'Annecy. Il est resté quelque-temps à Annecy, et sachant un vicariat vacant dans la partie du diocèse de Bellay, l'évêque d'Annecy l'a recommandé à mon oncle qui l'a placé.

» Le jeudi 4 novembre, ce vicaire à pied, et manquant de tout, est entré ici à l'abbaye de la poste, et a demandé à dîner, au plus bas prix.

Le maître était absent ; la femme lui a proposé de dîner avec elle. Il mangeait peu. Elle l'a questionné. Il a répondu qu'il était prêt à goûter, et a témoigné beaucoup d'inquiétude sur le goûté avec des gens qu'il avait voulu éviter, et qui le suivaient depuis quelques temps. Rentré à sept heures du soir, il s'est plaint de douleurs violentes, et d'avoir été empoisonné par des français. Il avait mangé d'un gâteau de pommes de terre qu'ils savaient qu'il aimait. Depuis ce moment, des convulsions violentes, un grand vomissement, enfin l'impossibilité d'avaler, la gorge enflammée, l'estomac sans fonctions, l'impossibilité de garder les remèdes, à peine pût-il prendre quelques goûtes d'eau composée.

» Le gouvernement, sur les bruits publics, l'a fait interroger le 6. Son interrogatoire est secret ; mais à la mine des gens et à la suite qu'on y donne, on peut juger qu'il n'a rien avoué. Il paraît que c'est un homme faible et intriguant qui craint de mourir, et qui craint en vivant, la justice et les gens qui le poursuivent. Il s'est confessé, il semble fort résigné. Mais, dans tous ses propos interrompus, par de longs momens de souffrance, on distingue qu'il s'étudie à voiler beaucoup de choses. Avant de faire serment en justice, il a annoncé qu'il ne dirait rien de ce qui lui avait été confié sous le secret. Requis de permettre à son confesseur, après sa mort, la révélation de ce qu'il lui aurait confié, il a signé, en ajoutant : mon confesseur de Paris m'a sauvé un grand crime ; mais il n'a pas voulu désigner son confesseur.

» Le vicomte de Mirabeau est arrivé le 12 à la même auberge, passant pour Turin. Le prêtre l'a sçu et a témoigné le désir de le voir, s'est nommé à lui, lui a indiqué ses parens, chevaliers de St.-Louis (il se dit commis de M. Maurais de Valenciennes), lui a témoigné confiance, mais ne lui a dit que des choses vagues sur son état et les circonstances. Relativement à lui ; il l'a assuré qu'il était prévenu de son arrivée, qu'il ferait bien de ne pas aller à Turin, qu'il était menacé, qu'il eût surtout à se méfier d'une femme, et comme il ne voulait pas expliquer si elle était française ou piémontaise, le vicomte en a nommé une au hasard.— Comment, vous connaissez cette salope? Je devais me rejoindre à elle; on a induit qu'il avait déjà fait une course à Turin; on lui en a parlé; il s'est alors soulevé d'un mouvement violent, en disant : mon premier voyage est donc connu, on sait tout, je suis perdu. Pressé davantage, il a dit qu'on ne me parle plus, qu'on me laisse mourir. Dans des momens de sommeil, il nommat avec complaisance, Barbançon, Magancourt, e, avec effroi, cette cour d'...., cette assemblée, ces scélérats. De tout ce qu'on en sait, il résulte que cet homme a été chargé, à Paris et sur les frontières, d'intrigues; qu'il est coupable et craint de se découvrir; qu'on lui avait confié de plus grands crimes, et que ses agens cherchent à s'en défaire. Une de ses premières dépositions est qu'on lui avait offert 80,000 livres pour *épier M . le comte d'Artois*; que l'ayant refusé, on le poursuivit et qu'il fuyait. On dit aussi qu'il a nommé M. Ducrest et M. de Lim..., comme l'ayant fait agir et le poursuivant actuellement, notamment ce dernier, comme l'un de ses empoisonneurs. Je reviens de chez le vicomte; le malade vit encore. Il l'a fait appeler plusieurs fois cette nuit, mais toujours des choses vagues; cependant, depuis ce matin, il y a plus de liaison de vérité, et nécessairement ses dépositions resteront plus secrètes.

« On a eu la preuve que ce Dubois avait été chargé, conjointement avec autres jacobins d'assassiner S. A. R. le comte d'Artois, qu'il a été empoisonné, qu'il a eu le temps de faire son testament de mort, que ce testament a été déposé dans des archives publiques, et que peu de jours après, on a mis le feu à l'édifice dans lequel étaient ses archives. Mais le testament a échappé à l'incendie. »

Dubois est mort ; tout en vomissant le poison inoculé dans ses veines, il invoquait le pardon du juge suprême des consciences.

Monseigneur le comte d'Artois vit ; et le poignard de Dubois n'a point atteint ce cœur royal, trésor de bonté, cette tête si chère, sanctuaire de doctrines saines, ce prince si noble, si loyal, qui sait

.... qu'il est de ces forfaits
Que le courroux des Dieux ne pardonne jamais.

En juillet 1791 la propagande dirigea un nommé Tessard, au-delà des frontières, pour assassiner M. le comte d'Artois, se rendant de Turin à Coblentz, qui disait aux braves : plus de France, plus de patrie pour moi, si mon frère n'est pas Roi, comme l'était Henri IV.

L'interrogatoire et les déclarations de ce Tessard, sont des pièces authentiques ; nous les copions.

Interrogatoire et déclaration du nommé Tessard, arrêté à Attenheim ; le 30 juillet 1791.

Interrogé sur son nom, son âge et sa profession.

« A répondu qu'il s'appelait Tessard, natif

» de Givey, près Châlons en Bourgogne ; qu'il
» était âgé de 25 ans ; anciennement domestique
» de fermier, et depuis vagabond. »

*Interrogé sur les motifs qui l'ont conduit
ici.*

« A répondu qu'il avait été envoyé par la
» municipalité de Stra·bourg pour empoisonner
» monseigneur le cardinal de Rohan, rendre
» compte de ses démarches, de ses entours, et
« généralement de tout ce qui pourrait le con-
» cerner, mais spécialement de tâcher de par-
» venir à l'assassiner ; et que toutes ses instruc-
» tions lui avaient été données par le nommé......
» procureur de la commune, et par le nommé.....
» maire de....... qui lui ont promis, s'il réus-
» sissait une somme d'argent indéterminée, mais
» telle, qu'elle devrait faire sa fortune ; il a
» ajouté qu'il était aussi chargé de rendre compte
» de la force de la légion, de l espèce d'hommes
» qui la composent, et de faire ses efforts pour
» en faire déserter les soldats, en leur promet-
» tant, au nom de la municipalité, un traite-
» ment avantageux de l'autre côté du Rhin. »

*Interrogé s'il n'était pas l'homme qui a fait
au club de.....la motion d'attenter à la vie
de M. le Cardinal.*

« A répondu que non : mais que cette motion
» avait été réellement faite en sa présence par
» le nommé.... fils d'un marchand, banque-
» routier de cette ville. »

Interrogé s'il s'était seul chargé de l'exécution de ce projet.

A répondu « qu'il avait ouï dire qu'un ser-
» gent major du régiment de…. dont il ignore
» le nom, s'était offert pour l'exécution du même
» dessein, mais qu'il ne peut donner d'autres
» renseignemens sur cet homme. »

Interrogé s'il n'avait pas connaissance qu'on ait eu les mêmes desseins criminels sur les personnes de nos princes.

A répondu « qu'il avait ouï dire plusieurs fois
» qu'il fallait se défaire, à quelque prix que ce
» fut, de Mgr. le comte d'Artois, et de Mgr. le
» prince de Condé ; mais qu'il n'avait aucune
» connaissance des moyens qu'on avait employés
» pour y parvenir, et qu'il avait la certitude
» que des personnes qu'il ne connaissait pas ,
» avaient été envoyées , soit pour exécuter soit ,
» pour préparer ses attentats. »

Interrogé s'il ne savait rien de plus.

A répondu « qu'il était certain que trois
» gardes nationaux de…. s'étaient offerts pour
» aller chercher la tête de M. de Bouillé, et
» qu'ils étaient partis il y a 15 jours, avec la
» promesse de trente mille livres à chacun, en
» cas de réussite. »

Interrogé s'il ne savait rien de relatif au Roi et à la Reine.

A répondu « négativement. »

*Interrogé sur toutes les particularités de sa
vie depuis le commencement de la révolution.*

« A répondu qu'il était un de ceux qui avaient
» été à Versailles, déguisé en femme, que le
» 4 octobre, il avait eu ordre des agens avec
» lesquels il correspondait, de se rendre dans
» une maison qu'il ne peut plus désigner, mais
» qu'il retrouverait s'il était à Paris, pour y
» prendre des habits de femmes et des armes
» faciles à cacher sous les jupes, et que précé-
» demment il avait reçu 8 louis pour le prix
» de la démarche qu'il allait faire, que les ins-
» tructions ainsi que toutes celles de ses cama-
» rades, portaient qu'ils devaient profiter du
» tumulte pour s'introduire dans les apparte-
» mens du Roi et de la Reine, et là, attenter
» s'il leur était possible, à leurs personnes sacrées;
» il assure que les hommes de qui il tenait ces
» ordres, étaient des agens du duc d'......;
» il affirme de même qu'il a reconnu près de lui
» et travestis de la même manière..... et d'au-
» tres membres qu'il ne connaissait que de vue. »

Interrogé sur les événemens subséquens.

A répondu « que très-peu de temps après
» cette époque il avait été envoyé à .... sans
» autre instruction que celle de prendre les or-
» dres de la municipalité, qu'avant de partir,
» celle de ...... lui avait donné une attache
» pour se faire reconnaître des différentes mu-
» nicipalités qui se trouvaient sur sa route, et

» lui faire donner les secours nécessaires pour
» se rendre à cette destination ; (il convient
» avoir eu toujours le même moyen pour toutes
» les courses qu'il a faites dans le royaume.)
» ou il s'est trouvé réuni à des brigands, non-
» seulement de Paris, mais de tout le royaume,
» et qu'il n'a eu d'autre part à la prise des
» forts et à l'assassinat de M. de..... que de
» s'être mêlé dans la foule, et d'avoir suivi le
» torrent d'après l'ordre qu'il avait reçu. Après
» cette affaire, il fut envoyé par cette même
» municipalité à ...... où il a eu la même
» part aux événemens qui s'y sont passés lors
» de la première entrée : le même homme
» avoue avoir été avec les brigands qui vou-
» laient assassiner M. de B..... à son passage
» à ..... déclare cependant n'avoir été pour
» rien dans les coups qui lui ont été portés ;
» de-là il a été envoyé à Nancy, sur laquelle
» ville il n'a aucune particularité remarquable
» lors de la révolte de la garnison, à laquelle
» il avait été se joindre, que la certitude qu'il
» a que les mêmes agens du ..... avaient dis-
» tribué mille louis pour faire livrer M. de Mal-
» seigne : de-là il est allé à ..... se dévouer
» de même aux ordres de la municipalité. »

Interrogé sur ce qui s'est passé de particu-
lier entre lui et les deux membres nommés
plus haut dans la municipalité.

A répondu « que pour lui fournir les moyens
» de parvenir à leur but en le rendant moins
» suspect, ils lui avoient donné un passe-port
« daté du 22 de ce mois avec injonction de

« passer par..... et de l'y faire viser ; qu'en
« outre, pour lui donner la facilité de jouer un
« rôle, ils l'avaient muni d'un porte-feuille d'un
« officier du régiment de Bourdonnois, nommé
« d'Espiard, arrêté dernièrement ; que ses ins-
« tructions portaient de se faire passer au besoin
« pour le même officier, de faire usage des bre-
« vets et lettres contenus dans leurs porte-feuilles ;
« pour se rendre plus intéressant, de se donner
« pour une victime du despotisme de cette mê-
« me municipalité. Ils avaient joint à cela une
« épée uniforme et un hausse-col, et lui avaient
« donné des détails si précis sur la famille et les
« alliances de cet officier, qu'il était en état de
« répondre à toutes les questions relatives à cet
« objet. Il ajoute, de plus, que quoi qu'il se
« fut chargé de l'odieuse commission d'assassiner
« Mgr. le cardinal, il était loin de vouloir l'exé-
« cuter, et qu'il se serait contenté de rendre
« compte de ce qu'il aurait pu découvrir. Il
« avoue encore avoir reçu deux louis de.... pour
« le conduire à Etteinheim. »

« Fait à Etteinheim le 1er août 1791.

« *Signé :* TESSARD. »

En marge de l'original est écrit de la main
propre de l'interrogé :

« Après lecture faite, je soussigné déclare
qu'ayant toute ma raison, j'ai fait la présente
déclaration, qu'elle est de la très exacte vérité,

et qu'elle ne m'a été arrachée par aucun moyen de séduction, ni de crainte, mais seulement par mon repentir. »

Signé Tessard.

Plus signé au bas de cette déclaration, le chevalier de Pyraux, officier à la légion de Mirabeau, et le chevalier de Borie. — Pour copie conforme, restée en mes mains, le vicomte de Mirabeau.

Le rapport du constituant Chabroud, qui avait mis au nombre des vertus civiques, les forfaits commis dans les journées des 5 et 6 octobre 1789, était répandu dans toutes les villes, par l'entremise des feuilles républicaines, destinées principalement à détruire les monumens historiques, les faits glorieux et jusqu'à la vue des tombeaux !

Tessard, homme du peuple, fréquentait les clubs, il avait dit un jour, dans un cabaret, qu'il n'aurait de véritable jouissance, qu'en promenant une large lame dans le sein d'un Bourbon. Il fut donc choisi comme un être assez féroce, pour tuer des princes qui auraient usé les fers de Louis XVI, à force de les serrer sur leur cœur.

Sa mission n'eut pas l'épouvantable résultat qu'attendait la propagande.

Les Robespierre, les Danton, les Collot-d'Herbois, nouveaux Néron, nouveaux Phalaris, nouveaux Héliogabal, cherchèrent, dans leurs

exécrables ligueurs, un sujet plus adroit, plus
cruel que Tessard.

En décembre 1791, un militaire, est envoyé
à Coblentz; il est arrêté, il fait la déclaration suivante : « Je soussigné, Louis de Bus-
» selot, ancien officier au régiment de Hesse-
» d'Armstadt, confesse hautement et devant
» Dieu, que les nommés Hens, Merlin et Didot
» m'ont sollicité de venir à Worms commettre
» le plus noir des attentats, qui était d'assassi-
» ner le meilleur des Princes, Monseigneur
» le Prince de Condé, et pour m'y engager, ils
» m'ont promis la somme de dix mille livres
» payables, la moitié en assignats et l'autre en
» argent, aussitôt que je serai de retour,
» m'ayant donné douze livres pour aller de
» Thionville à Nancy, dans laquelle ville j'ai
» été chez le nommé Rebois à qui j'ai remis
» une lettre de recommandation de la part de
» M. Hens, maire de Thionville, dans laquelle
» il lui marquait de me donner dix-huit livres
» pour aller de Nancy à Worms ; que j'ai con-
» naissance que je dois être suivi dans ladite
» ville par les nommés Louis-Joseph Boulanger,
» auparavant garde nationale, bataillon de la
» Meurthe, compagnie de Valois, Louis-Martin
» garde nationale non-soldé, demeurant à Cul-
» mont, douze lieues de Nancy ; le troisième,
» Nicolas Jacquet, tisserand, natif du faubourg
» Saint-Nicolas, garde nationale, non-soldé de
» ladite ville ; le quatrième, Bernard Petit,
» négociant, natif de Grenoble en Dauphiné,
» et encore une quarantaine de gardes nationaux
« du département de la Meurthe, lesquels je ne

» puis nommer par leurs noms, qui doivent
» venir à Worms pour le même projet, tra-
» vestis de différentes manières et doivent arri-
» ver demain ou lundi 19 décembre au plus
» tard, que j'ai connaissance que les quatre
» dénommés doivent loger à l'auberge du Cerf,
» laquelle il faut surveiller. Lesquels quatre ci-
» dessus dénommés doivent apporter une somme
» d'argent que le dénommé ci-dessus Rebois,
» tanneur du faubourg Saint-Nicolas à Nancy,
» doit leur remettre pour acheter des *stylets à*
» *l'italienne*, que les dénommés ci-dessus de-
» vaient se présenter aux officiers de Mgr.
» avec des lettres de recommandation, et sous
» des noms empruntés, obtenir, enfin, d'être
» employés gentilhommes ; qu'ils devaient se
» dire comme moi, de la garde nationale et
» persécutés chez eux ; que le nommé Louis-
» Joseph Boulanger, doit prendre le nom de
» comte de Bey ; que quant aux autres, j'ignore
» les noms qu'ils doivent prendre, et que l'in-
» fâme projet était de nous glisser sous prétexte
» de confier un secret à Monseigneur dans son
» propre appartement, au nombre de cinq, et
» de profiter de ce moment pour le poignar-
» der ; que les quatre dénommés ci-dessus et
» moi, étaient les cinq malheureux qui devions
» nous introduire dans la chambre de Monsei-
» gneur ; que les quarante autres devaient être
» dans les avenues et dans les cours pour atten-
» dre la réussite de ce projet et favoriser, après
» l'exécution, notre évasion et la protéger ; que
» pour se reconnaître, ils devaient se regarder
» fixement, ensuite se faire un signe de tête ;

» je suis persuadé et je déclare que demain dans
» la journée, ils feront, s'ils sont arrivés, des re-
» cherches exactes pour savoir où je suis et où
» j'ai logé ; qu'ils feront des tentatives pour me
» faire sauver, s'ils découvrent ma prison.

» Je déclare que M. Hens, maire de Thion-
» ville, m'a promis que les quarante autres
» gardes nationaux qui devaient me soutenir
» et m'aider, seront armés de sabres d'infanterie
» autrement dits briquets : que les surnommés
» Hens, Merlin et Dinot m'ont dit de me pré-
» senter à Worms, en veste de chasse, ma croix
» de Malthe, et de dire que j'avais été pour-
» suivi par les gardes nationaux de Nancy, et
» que j'avais été obligé de m'en aller.

» Je déclare encore que le nommé Rebois,
» tanneur, faubourg Saint-Nicolas, ne m'a pas
» parlé du projet ci-dessus confessé, et qu'il m'a
» seulement donné la somme portée sur la let-
» tre, et que je crois qu'il n'en était pas ins-
» truit : qu'à Thionville, trois ou quatre jours
» avant mon départ, je me concertai avec les
» quatre dessus nommés, que nous parlâmes de
» cet infâme attentat ; que nous nous sommes
» vus les cinq, le jeudi 8 décembre, chez ledit
» Dinot, brasseur, et que ledit Dinot nous em-
» brassa et nous dit : nous attendons votre re-
» tour avec impatience, qu'ensuite nous nous
» embrassâmes les uns les autres, que ce sieur
» Hens m'a souvent donné de l'argent à titre
» de don, en me disant d'aller au club faire
» des motions contre les émigrés ; que j'étais
» parti de Thionville, le samedi 10 décembre
» 1791, entre deux et trois heures de l'après-
» midi ; que je quittai M. Hens, après nous

» être embrassés ; que je fus coucher ledit jour
» à Metz, à la Reine d'Hongrie , petite auberge
» près de la cathédrale ; que le lendemain di-
» manche, je repartis de Metz à huit heures du
» matin , et que je fus coucher à Nancy, à l'au-
» berge de la Côte de Dalm ; que le même soir
» je vis M. Rebois, et qu'il ne me donna la
» somme de dix-huit livres que le lendemain
» matin, après avoir déjeûné ensemble ; que je
» partis de Nancy, le lundi vers les dix à onze
» heures, après avoir changé mon habit de garde
» nationale, contre la veste de chasse que je
» porte, et cela avec le nommé Fontaine, ci-
» devant domestique de M. de l'Allemand, of-
» ficier dans mon ancien régiment ; que le même
» jour, lundi , je couchai à Chanpenon, le
» mardi à Buquenon , le mercredi à Sargue-
» mines , le jeudi à Blicastel, que le vendredi
» j'ai déjeûné à Franc-Heussein et que j'arrivai
» à Worms le vendredi, même jour, à quatre
» heures et demi environ de l'après-midi.

» Je confesse de plus et déclare en mon ame
» et conscience que je suis heureusement repen-
» tant de ce forfait qu'on voulait me faire com-
» mettre, que j'implore la miséricorde de Dieu,
» les bontés , la clémence et l'humanité de
» Monseigneur le Prince de Condé , en faveur
» de la vérité que j'assure devant Dieu et de-
» vant les hommes avoir dictée dans la présente
» confession, que j'ai dictée moi-même de mon
» pur mouvement, d'un aveu sincère. En foi
» de quoi j'ai signé la présente, après l'avoir
» lue moi-même en présence de M. de Roques,
» colonel d'infanterie , et M. de Firmas de Pe-

» riès, officier au régiment de Piémont infan-
» terie. Le samedi 17 décembre 1791. »

Signé de ROQUES, BUSSELOT et FIRMAS de
PERIÈS.

Cette fois, le coup meurtrier était dirigé contre le Nestor de la chevalerie française, le prince sans peur et sans tache.

Ces misérables assassins ne tremblèrent que quand leur crime fut découvert; et s'ils se recommandaient à la clémence du ciel, au milieu de leurs remords, c'est parce qu'ils n'étaient pas encore athées et qu'ils voyaient l'éternité s'ouvrir devant eux.

La nation est en proie à tous les genres de tortures. Sa résignation la raproche de plus près du Christ, son divin modèle. Elle lève les mains au ciel, devant une horde d'assassins qui entassent des victimes vivantes dans les cachots et dans les glacières, qui promènent des têtes dans les rues, et qui changent en eaux de sang, les eaux que le Très-Haut envoie sur terre pour le bien être de ses créatures. Eh! dans quel temps? Dans le temps où les clubs se croyaient assez forts pour écraser, d'un pied hardi, ceux qui ne veulent pas consentir à être leurs esclaves, pour détruire le *mode* de gouvernement existant depuis tant de siècles, et faire du peuple, Français un peuple de régicides.

Ce nouveau peuple, aidé d'un Rabaut Saint-Etienne qui écrivait aux hommes de son culte, « permettez-vous contre les catholiques tout ce que vous croirez pouvoir *oser*. Vous serez soutenus »; aidé d'un Chabot ex-capucin, qui professait que les fils étaient déliés de l'obéissance envers leurs parens, parcequ'ils n'étaient que les enfans du hazard ; aidé d'un Barnave qui ne trouvait pas le sang du juste, *si pur* ; aidé d'un Dubois-Crancé qui excusait l'assassinat du maréchal-de-camp Théobald Dillon, frappé par la main des soldats avec lesquels il combattait, parcequ'il était entaché du *crime* d'être noble ; aidé des Barrère, Bentabolle et autres montagnards qui vivaient de calomnies, comme les vautours se nourissent des lambeaux de cadavres déchiquetés ; aidé enfin de ces philosophes sophistes qui prononçaient anathême contre Louis XV et Louis XVI ayant consacré ce principe fondamental : « Mon peuple et moi, ne sommes qu'un. » Ce nouveau peuple, disons-nous, la tête affublée du bonnet au costume des galériens, s'étant mis en liaison avec les brigands de Marseille, avec les *héros* de Monteux, avec les incendiaires de Sarrians, avec les Jourdan-coupe-têtes, etc. se déclara souverain, despote, tyran.

La puissance de ce nouveau peuple s'était réfugiée dans les clubs qui pesaient sur la terre, comme ces maladies épidémiques qui moissonnent en un instant, une génération entière.

Le peuple qui ne possède rien est armé contre le propriétaire. Le royaume n'est plus alors qu'un Océan sans fond, engloutissant ces milliers de ruisseaux qui, circulant sans cesse, remontant vers leur source, pour en découler encore, arrosent et fécondent les propriétés de ces millions de familles, entre les quelles la société n'est qu'un échange des douceurs et des principes mêmes de la vie.

Le journal *des débats des jacobins*, recueil

fidèle des motions régicides, incendiaires, présen-
tait chaque jour à l'œil du peuple, ce refrein pa-
raphrasé « que les aristocrates, les *amis* de la
royauté n'avaient plus qu'une tête et qu'il était facile de l'abattre. »

Un abbé Grégoire déclara que l'Evangile avait
prononcé que les hommes étaient égaux en puissance, comme en droits, et demanda l'exécution de cette partie du passage sacré. *Esurientes
implevit bonis,*

Ce *vénérable* abbé Grégoire, forma le peuple
nouveau, en une association de brigands. Les brigands éprouvèrent une résistance. M. Lafayette
et ses amis firent adopter comme principe politique, que la *résistance à l'oppression* était
permise. On ne vit donc plus en France que des
spoliateurs armés contre les spoliés, dont on avait
enchaîné la main. De là, un carnage général, et
c'est au milieu de ce carnage général que des
députés de 1792 sacrifièrent à la peur, Louis
XVI, ce roi citoyen qui ne pouvait plus empêcher que le brigandage fut réputé criminel,
que la religion fut profanée avec impudeur, et
que le royaume devint une caverne immense
où l'homme le plus honoré dût être enseveli,
comme coupable d'attachement à sa personne
sacrée.

Les agens farouches de ce peuple nouveau se
multiplièrent en France; ils n'étaient que les
légataires de ces puritains, de ces indépendans,
de ces presbytériens qui frappèrent Charles Ier.

A l'ombre d'une constitution, magicienne
sortie de l'enfer, et au milieu des décombres
amoncelés de tant de monumens détruits par
des mains sacrilèges, le vaste édifice de l'em-

pire des Francs tombe. Les gardes du corps, ces victimes héroïques qui, dans les temps modernes, comme dans les temps reculés ont tout fait pour la gloire de la France, sont massacrés, dispersés, fugitifs. Les députés, dont le cœur est resté Français, sont épouvantés de ces images atroces qui glacent le sang dans l'ame la plus chaude. Il n'y a plus que des criminels, ou des malheureux, dont les noms* seront consacrés par des rapprochemens horribles.

Un français de Nantes, député, (membre de la chambre de 1819,) fait un rapport sur les troubles de l'intérieur du royaume. Ce rapport n'est qu'une déclaration de guerre lancée du fond de l'antre philosophique, contre les pontifes et les pasteurs qui présentent la poitrine au fer des assassins. Un Camille-Desmoulins traite de Tibère le plus humain des monarques. — Un Gorsas, dit que les Rois sont affamés de la chair humaine; à la société des Jacobins, un Anacharsis-Clootz, prussien banni de son pays, et naturalisé tout nouvellement français, demande un carillon national contre les Rois. — Le tocsin sonnera, dit-il, les tyrans pâliront, et l'univers sera libre; on reproche aux Français, dit-il encore, de couper par jour dix à douze têtes; n'ont-ils pas eu douze à quinze siècles d'oppression à venger? Aux Jacobins, l hydre hérissée de mille têtes et vomissant des venins corrosifs, est appelée la déesse de la raison.

Les montagnards, ou les vieux Lamontagne, siégeans dans cette assemblée de 1792, forts des complices qu'ils ont achetés, des agens qu'ils ont initiés dans *leur terrible secret*, surprennent donc et amènent Louis XVI et sa famille devant leurs bourreaux.

Ils avaient enlevé au trône ses plus fidèles défenseurs, ils avaient armés leurs satellites contre les Suisses, troupe incorruptible, valeureuse, et naturalisée Française.

Les perfides ! ils juraient encore à la tête de cette horde, bordée de la livrée tricolore ; de respecter la constitution, le Roi, la famille royale, une minute avant qu'ils fissent de leur Coran, des Cartouches, et qu'ils n'amenassent, par une intelligence profonde et criminelle, les Bourbons, comme prisonniers dans le manège national.

Malheur aux Rois qui ne se mettent pas en défense contre ces doctrinaires, héritiers des sectaires des quinze et seizième siècles, dont le chevalier Follard avait saisi, dès 1729, tous les fils mystérieux ! Le but de ces doctrinaires n'a-t-il pas toujours été d'abattre et le chef du monde chrétien et les chefs des peuples composans les deux mondes ? n'ont-ils pas annoncé qu'une révolution se préparait en Europe, dont les moyens étaient presque imperceptibles ? Le chevalier Follard appelait tous les souverains à fixer leur attention sur cette conspiration, d'autant plus redoutable, que bientôt son action devait également frapper sur toutes les puissances légitimes, et les hommes sages avertissaient chaque jour les Rois de l'Europe, de s'allier franchement contre les conjurés, dont ils indiquaient les crimes, les plans et les moyens.

Les Rois, n'ont point prêté une oreille attentive aux avis salutaires des hommes sages ; et les embryons *constitutionnels* du siècle moderne conçus dans la froide matrice de la philosophie ancienne n'ont cessé de jeter, au milieu des humains, ces opinions destructives de tous les principes, reçus en morale, en politique, comme en législation, que la *liberté* est la seule puissance humaine et qui la méconnaît est déjà condamné à mort.

Ces créateurs du nouveau peuple ont cherché dans les temps anciens, les élémens propres à introduire la démocratie dans la monarchie, pour qu'ensuite les monarques disparaissent devant la force, ou la puissance populaire.

On sait que vers la fin du quatorzième siècle, en Angleterre, un nommé Jean Vallée, disciple de Viclef, avait prêché pendant vingt ans la doctrine de l'égalité et de la liberté. Quand Adam bêchait, disait-il, et qu'Eve filait, étaient-ils des gentils-hommes ? Que ce fut à la suite des prédications des ce frère et ami, que des paysans se soulevèrent, marchèrent à Londres au nombre de plus de deux cents mille, massacrèrent le chancelier du royaume et l'archevêque de Cantorbéry qui s'étaient retirés dans la tour avec le Roi. Que le prédicant Anglais a été pris, jugé et condamné au suppliceréservé aux criminels de haute trahison.

L'histoire a transmis : « Que sous Richard II, les mêmes doctrinaires commencèrent par égorger un ministre et un archevêque, qu'ils portèrent leurs têtes au haut d'une pique, en signe de victoire, et qu'ils détruisirent tout être qui leur paraissait au-dessus de leur niveau.

» Que Jean Hus montrant le livre de Viclef,

souleva l'Allemagne en 1402, exigea le serment de haine contre les Rois, et des imprécations contre le ciel; que les *Orébites*, nom donné à la sectes de Hus, étaient armés de stylets et de poignards; qu'en 1457, ils firent emprisonner le jeune Ladislas Roi de Bohême et de Hongrie.

» Que le système de Hus passa dans la secte de ce fameux Herésiarque qui l'enveloppa dans son livre de la *liberté chrétienne*; que les Anabaptistes l'adoptèrent, que Thomas Mumer se déclara le chef de cette secte, croissant chaque jour en nombre, dans l'année 1525. »

Cette race ennemie des autels et des trônes, a été exterminée dans la Souabe et dans la Germanie, comme elle avait été détruite en Angleterre.

Sans rechercher dans les fastes historiques des peuples étrangers, ils auraient pu se convaincre, par l'histoire de leur pays, que ce système destructeur de toute autorité légitime, pénétra en France en 1528, d'abord par la ville de Strasbourg.

Qu'en 1534, les disciples de Luther couvrirent les murs de Paris de placards remplis de blasphêmes contre le clergé, que des informations juridiques furent faites, que les magistrats acquirent la preuve que les Luthériens avaient formé le complot d'égorger tous les catholiques, pendant qu'ils assisteraient au service divin.

Que c'est d'après ces preuves irrécusables, qui établissaient un complot aussi horrible, que François 1er. publia, contre ces créateurs d'un nouveau monde, un édit que les frères en *égalité* ont si souvent fulminé.

Qu'une pièce importante fut saisie, à cette époque, dans les papiers de ces prétendus réformateurs, que cette pièce était le plan d'une république fédérative, rédigé en 1574, qui paraît avoir servi de base aux constituans pour faire les 85 départemens.

Qu'en 1559, le système d'égalité fut reçu par la secte des Calvinistes.

Que si l'on compare avec les principes de Vallée, les 40 articles de Calvin sur la *foi*, les 40 articles sur la discipline ,adoptés par le synode qui fut tenu cette année dans Paris ; on voit le même esprit, la même tendance.

Qu'en 1562, le Parlement rendit un arrêt contre cette seconde secte, qui prenait pour fondement de sa doctrine et de sa législation, la parfaite égalité , enveloppant tous les royalistes dans une même pro scription.

Des exécutions eurent lieu ; des Benjamins, des Etiennes , des Tissotins firent imprimer, en Hollande, que les doctrinaires pendus, décapités , bannis, exilés , n'étaient que les victimes d'un pouvoir tyrannique (royal) ; les juges répondirent que le crime politique doit être puni , dans la secte, pour la tranquilité du royaume ; que le Roi peut pardonner à l'opinion erronée d'un individu, mais qu'il doit toujours punir le *système* criminel du conspirateur.

La puissance de Louis XIV et le génie de Richelieu, réduisirent les sectaires à murmurer dans le silence. Le Roi et ce ministre détruisirent alors le fœtus de la république nniverselle dont l'Europe était menacée.

Le genevois Necker, appelé au conseil de Louis XVI, avait vu se former, avec le secours des écrivains propagateurs du système de Vallée, une mine sous les fondemens de l'autel et du trône, qu'ils chargaient tous les ans de matières plus inflammables; une étincelle suffisait pour en décider l'explosion... Cette étincelle, il la fit jaillir sur ce ramas de matières combustibles, amoncelées depuis tant de siècles.... l'amorce n'est que trop hative... et la foudre trop rapide.... la France est embrasée, le trône se renverse, les temples s'écroulent; les erreurs, les impostures, les crimes surgissent de toutes parts ; tout ce qu'il y a de plus sacré d'après le pacte éternel qui lie la créature au créateur, tombe sous les coups redoublés des impies. Les profanations, les vols, les massacres, les proscriptions, annoncent que la nature est prête à être replongée dans un nouveau cahos.

Voilà le nouveau monde, détruit par Louis XIV et son ministre, sorti comme le Phénix, de ses cendres brûlantes. C'est un peuple ennivré de fureur et d'impudicité, dont l'orgueil est tout entier dans les crimes.

La vertu rassemble des amis, elle est égorgée. Le devoir appèle au trône une phalange de vieux et de jeunes guerriers ; ils sont massacrés.

Louis XVI n'est pas un Louis XIV, ou plutôt, il n'a pas le ministre de Louis XIV. C'est un homme de bien.... Il est fait prisonnier par ses sujets et les monstres qui avaient juré cette constitution, prescrivant l'inviolabilité dRoiu n'apparaissent plus, à ses yeux, que comme ces furies à qui le crime et son venin sortent par chaque pore.

Un décret convoque une assemblée nationale.

Peu de français, car la France n'est que dans les riches propriétaires, les utiles négocians, les pères de famille, les sujets qui demandent pour leur Roi, le même tribut qu'ils attendent eux-mêmes de leurs enfans, ne veulent par consacrer, par leur présence dans les assemblées populaires, les forfaits de la minorité décrétante, qui s'est établie geolière de son souverain. Ils restent, au sein de leurs familles, dans une morne stupeur.

A Paris, les *héros* de la bastille, des journées des 5 et 6 octobre, les assassins des Berthier, des Foulon, des Launay, les clubistes s'affilient et forment leurs listes. A Avignon, les Jourdan-coupe-têtes, les Mainville, les Glaciers préparent leurs choix.

Dans l'intervalle du décret qui convoque la convention à la tenue des assemblées, les chefs de la révolte commandent de nouveaux forfaits. Ils redoublent de fureur. Le cri d'extermination est porté. Les prisons sont forcées, et les prisonniers de tout âge, de tout sexe, arrêtés peu de jours avant cette terrible catastrophe, comme suspects au peuple nouveau, sont impitoyablement massacrés. (Il n'entre pas dans notre sujet, de retracer ici les causes secrètes des horribles incursions dans les prisons de Paris.)

C'est donc sur les restes sanglans des prisonniers, victimes de tout ce que la rage a de plus révoltant que le nouveau peuple a nommé les membres de la convention.

La plus grande partie des élus étaient un Thomas Payne , un Anacharsis-Clootz (étrangers) , un Armenonville (cardeur de laines), les Billaud-Varennes , les Marat , les Collot-d'Herbois , les Danton et plusieurs autres jacobins qui avaient préparé les massacres des prisons dans Paris , dans Avignon , dans Aix , etc.

Certes , ces conventionnels n'étaient pas les représentans de la propriété, c'est-à-dire de la nation française , c'étaient les délégués de ce monstre colossal , de cette effrayante révolution qui avait réduit les châteaux et les chaumières, en cendres , dépouillé l'église pour l'asservir , l'asservir pour l'avilir , l'avilir pour la détruire.

Ils avaient été pris au milieu des atroces saturnales , ou le cri de mort contre le Roi était un signe de ralliement.

La preuve que ces nouveaux appelés n'étaient (en partie) que les commis des *massacreurs*, des brigands impunis, c'est que Collot-d'Herbois prétendait que l'assemblée serait *infidèle au vœu de la nation*, si elle n'abolissait pas la royauté. C'est que Quinette proposa le serment de combattre jusqu'à la mort les rois et la royauté; c'est que l'abbé Grégoire déclara qu'il entendait bien que personne ne proposerait jamais l'institution la plus funeste aux peuples, qu'on savait que les dynasties n'étaient que des races dévorantes qui se nourissaient du sang des mortels, que les rois étaient en morale ce que les monstres sont en physique, que les cours sont toujours les foyers de la corruption et l'atelier des forfaits : qu'il fallait les proscrire. C'est que les trois ministres Lebrun , Clavières et Monges rfélicitèrent la convention d'avoir ratifié le vœu de tous les sages, et d'avoir légalisé la volonté de tous les français, en les délivrant du fardeau de la royauté, c'est que Basire demanda une amnistie pleine et entière pour les égorgeurs du Midi, etc.

Est-il un seul député, siégeant à la Montagne, qui n'ait plongé, chaque jour, les poignards dans le sein de la famille royale, tout en vouant à l'exécration les rois de la terre?

Si la division ne s'était pas établie entre les Girondins et les montagnards, le crime ne se serait pas arrêté dans ses progrès.

Un mot sur la cause de cette division.

La femme Roland intriguait pour faire rentrer son mari au ministère, elle ne demandait pas la déchéance, mais bien la suspension du Roi, elle avait admis dans ses conférences, Barberoux, Brissot, Vergniaud, Louvet, etc.

Robespierre, Danton et Chabot, pensèrent qu'il fallait que le Roi fut déchu et qu'une convention fut nommée, pour le juger, ils arrêtèrent, la liste des membres de la commune provisoire, et le lieu du rassemblement des Marseillais, pour l'attaque du château, sous la conduite de Barberoux, fut fixé aux Champs-Elysées.

Ce n'est point à Mont-Rouge, mais bien dans une maison, maison-Alfort, ayant appartenu à M. Lechanteur, émigré, occupée par Robespierre, que ce plan fut discuté.

Billaud-Varennes ayant prononcé dans la séance des jacobins (3 août) un discours violent sur les dangers de la patrie, et ayant indiqué, comme une mesure urgente pour arrêter *les maux*, la formation instantannée d'un camp, dans les Champs-Elysées, les conjurés se réunirent à Bercy, et décidèrent qu'il fallait que les sections se portassent en masse et en armes contre le château.

Dès le 26 juillet, jour fixé pour l'attaque, Vaujoie, président du comité d'insurrection de l'archevêché, avait présenté une liste nouvelle d'officiers-municipaux et de membres de la commune de Paris, qui devaient remplacer les fonctionnaires constitutionnels; il y eut des réclamations.

Les bataillons des volontaires de la Gironde qui avaient fait la route de Bordeaux à Paris, sans séjour et presque sans manger, pensaient comme Vergniaux, Gensonné et Brissot; ils ne voulaient *travailler* que pour la suspension du Roi. Les bataillons de Brest, de Dijon et de Strasbourg s'étaient déclarés pour la déchéance.

Pendant ce conflit d'opinions, les conjurés craignaient que la Cour ne fît agir le général Luckner, qui était à Paris, ils donnèrent avis a Santerre et Westerman, commandants en chef, de temporiser.

Chabot venait de forcer Brissot de s'expliquer sur deux discours qu'il avait faits, l'un pour la déchéance, l'autre pour la suspension. Brissot déclara que si les 48 sections demandaient la déchéance, il appuierait leur pétition. —Nous la ferons demander par les fédérés, répondit Chabot et nous l'obtiendrons.

Lasource, girondin, fit la motion d'envoyer les fédérés aux frontières, Isnard, autre girondin, proposa un décret d'accusation contre Robespierre, Antoine, etc.

Une troupe de Marseillais arriva à Charenton. Les Danton, Chabot, Vaujoie, Santerre, etc., allèrent au-devant d'elle avec les sans-culottes des faubourgs saint Antoine et saint Marceau, et là, on jura dans les cabarets, de ne pas se séparer, *sans avoir affermi la liberté.*

La querelle des Marseillais conduits par Chabot, Merlin, Bazire, Gaston, etc., dans les Champs-Elisées, avec les grenadiers des filles saint Thomas, et plusieurs autres braves qui s'y étaient réunis dans un banquet, donna une idée de la férocité des Marseillais, et des protecteurs qu'ils avaient dans l'assemblée.

Le manifeste du duc de Brnuswick jeta l'épouvante dans la faction des girondins, et les cordeliers Jacobins poussèrent des cris de rage.

Ce manifeste n'a point été fait par M. Malet-Dupan, comme on l'a dit, mais par M. Dulimon.

Les démissions des généraux Rochambeau et Luckner, qui ne voulaient pas commander à des soldats qui délibéraient et tuaient leurs officiers, le discours orgueilleux et intempestif du général Lafayette; les dénonciations faites par les ministres, au nom dn Roi, contre les assassinats exécutés aux Champs-Elisées; les défaites et les retraites des armées Françaises; la prise du château de Banes dans l'Ardèche, par M. le marquis Dusaillant; la scission dans les Jacobins, les poursuites judiciaires contre Robes-

pierre comme auteur de l'adresse incendiaire
aux fédérés ; les visites faites chez Marat, Danton ; Momoro et autres cordeliers, avaient exaspéré les esprits.

Réal revenu des frontières, où il s'était rendu
par ordre du maire Pétion, avait dit aux jacobins que tout était perdu, si l'assemblée ne
prenait pas les rênes de l'empire, à l'instar de
l'assemblée constituante après le départ du Roi
pour Varennes.

L'ex-ministre Servant, assurait que si le peuple
ne se levait pas, c'en était fait de la liberté. —
L'ex-ministre Roland ajoutait, que la révolution
était faite dans les esprits, qu'elle ne s'acheve-
rait qu'au prix du sang, et serait cimentée par
lui ; que le peuple consterné, croyait voir dans
son Roi, le complice des conspirateurs royaux.
— Robespierre criait au peuple de se lever, que
son salut n'était plus que dans sa puissance, et
que le faible tel rang qu'il occupe, tombait
quand le fort était debout ! — Danton débitait
que la foudre grondait, et conseillait au peuple
de la diriger contre les tyrans, en proclamant
que les Français devaient donner la preuve qu'ils
savent la placer de manière à faire écrouler les
palais des Rois. — Billaud-Varennes publiait
qu'il ne fallait pas destituer les Rois, parce que
c'est conserver dans le sein des nations, des
couleuvres qu'on échauffe. — Carra imprimait
qu'un Roi est un loup, sa femme une louve,
ses enfans des louveteaux, et il demandait qui
voudrait vivre autour d'une pareille ménagerie ?
— Albitte soutenait que, puisqu'il n'y avait
plus de priviléges, il ne devait plus y avoir de
Rois, etc.

(34)

Ces êtres pervers qui n'ont de l'homme que lfigure, avaient porté jusques-là les rafinemens de la calomnie, de la scélératesse; (l'exécrable furie dont les flancs ont enfanté de tels monstres, les a pris deux ans après sur l'échaffaud, où ils ont presque tous péris).

Brissot qui blasphême contre la cour, se propose de révéler toutes les machinations qui se trament contre le Roi, et il se flatte d'empêcher le mal, si elle veut payer ses révélations, par une somme de douze millions en espèces, ou en une lettre de change sur l'étranger. C'est le 4 août qu'il fait cette proposition. — Le *patriote désintéressé* éprouve un refus.

Le *patriote* Fabre d'Eglantine, initié dans les secrets de la *cordelière*, demande au ministre Dubouchage 3 millions, et prend l'obligation de conjurer l'orage. — Il n'est pas écouté.

Le *patriote* Danton reçoit des millions, les garde et trahit le ministre qui les lui donne.

Un grand nombre de scélérats qui ont conspiré contre le trône, mettent des prix énormes à la valeur de leurs dénonciations. — Voilà les méchans, les tartuffes qui se sont dit *patriotes*.

Des conjurés se réunissent de nouveau, les girondins et les cordeliers ne s'entendent pas, parce que les premiers ont l'intention de faire suspendre le Roi, ou d'établir une république, et de garder la famille royale, vivante, comme ôtage, et les derniers ont soif de son sang et de sa puissance.

Cette fois, les chefs de la conjuration se rendirent encore la nuit dans la maison, occupée par Robespierre, à Maison-Alfort.

L'attaque du château pour le 10 août fut arrêtée, la proscription des girondins décidée, le conseil-général de la commune, formé, les commandans supérieurs et inférieurs de la force *agissante* nommés.

Dès le 3 août, Sergent, Panis, Billaud-Varennes, le sapeur Roquet, Lajouski, Le Clercd'-Osse, Dufourny, Vaujeois, etc. eurent la mission de surveiller le château. Ils se saisirent de trois porteurs de lettres, dont une à l'adresse de M. Roux, officier municipal, et l'autre à M. Cardot, autre officier municipal à Chaillot. Le palfrenier qui les portait fut arrêté sur la place Louis XV, par une patrouille qui l'accompagna jusques chez lui. La lettre de M. Cardot fut ouverte ; elle contenait : « M. Cardot, hâtez-« vous, venez au château avec votre écharpe. » Elle était signée par MM. Joly et Dubouchage, ministres.

Le 5 au soir, les marseillais furent transférés sans aucun ordre légal, à la caserne des Cordeliers et Santerre distribua 100 cartouches à chacun d'eux.

Le 6, Barberoux et Rebequy furent invités de se rendre chez Robespierre, à sa maison de Paris. Là, Panis leur dit, que dans une circonstance aussi grave, il fallait ne se rallier qu'au vertueux Robespierre, et le désigna comme un dictateur obligé.

Le 8 au soir, Pétion qui avait dîné chez Mme. Rolland, avec Barberoux, Gensonné, Louvet, Lasource, etc., vint au comité de sureté générale, dont Chabot, Bazire, Montaut et Merlin (de Thionville) étaient membres. — Vous avez fait sonner hier le tocsin aux Jacobins, dit Pétion à Chabot. Sachez que je dois diriger l'insurrection et que sans ma participation elle ne peut réussir. — Je vous déclare que ce soir même, répondit Chabot, le tocsin sonnera au faubourg St.-Antoine, et que si vous me contrariez, vous aurez le sort du *tyran*.

Marat jugea que la mésintelligence se maintenant entre les girondins et les cordeliers, la journée du 10 août pourrait être fatale aux conspirateurs, il demanda, en tremblant, à Barberoux, une place dans les troupes marseillaises, pour l'escorter et lui assurer un asyle dans Marseille.

La nuit du 9, Danton dit aux cordeliers : *à demain notre promenade civique.*

La relation du 10 août, quoi qu'inexactement raportée dans tous les ouvrages qui ont paru, est connue de tout le monde.

La famille royale est enfermée dans la tour du Temple... Les brigands déposent les autorités de Paris, et la France n'est plus un royaume civilisé. Il n'y a dans la France ni foi, ni pudeur, ni propriété, ni liberté individuelle. La rage des boureaux est terrible, la résignation des victimes est sublime.

Une circulaire, signée Panis, Duplain, Dufourni, Marat, Sergent, etc., membres du comité insurrectionnaire, et adressée aux clubistes départementaux, ordonne de massacrer les royalistes entassés dans les prisons. — Plus féroces que les sauvages du Canada, qui se disputent à qui déchirera la peau du crâne d'une victime, les brigands refugiés à Paris, donnent le signal des cruautés qui font frémir la nature... S'il se trouve dans les Néron du siècle, un antropophage qui boit, dans un lieu public, le sang d'un suisse tué à son poste dans la journée du 10 août, et qu'il a recueilli dans son gobelet d'argent ; il existe aussi un *philosophe* famelique, qui avilira la nature humaine, jusqu'à escorter la pique au haut de laquelle est suspendue la tête de l'immortelle dame de Lamballe, promenée sous les fenêtres d'une reine, prisonnière au Temple, sa plus tendre, amie.

Ne traçons pas ici le tableau hideux des massacreurs qui, les bras teints de sang, demandèrent à la commune révolutionnaire de Paris, le prix du salaire promis, et à qui elle répondit... Egorgez encore les aristocrates, buvez leur sang, mangez les, vous ne mourrez ni de soif ni de faim.

L'effroi de ces cannibales, nourris pendant 5 jours de la chair humaine, devint général, à la nouvelle de l'entrée des troupes fédérées et des émigrés français dans la Champagne.

Les chefs insurrecteurs se réunirent chez Danton, qui s'était emparé du ministère de la justice après le 10 août, et qui avait employé les deux tiers d'argent déposé dans le trésor royal, à payer les satellites aux ordres de la commune de Paris. — Ils entendaient gronder dans le lointain les tonnerres multipliés contre eux, et ils ne pouvaient indiquer une seule place que le crime n'eut pas souillé, et où la foudre ne tomba pas....

Ah ! si le duc de Brunswick, pour des raisons qui seront un jour expliquées, n'avait pas enlevé le plan de campagne tracé par M. le maréchal de Castries, sur la carte topographique, pour marcher du camp de la Lune sur Soissons, en disant : *faisons retraite, je l'ordonne....* Les barbares n'auraient pas prolongé pendant 24 ans des tortures qui n'avaient été déjà que trop longues.

Danton et Rolland venaient de s'assurer une retraite derrière la Loire..... Ils craignaient le combat à mort entre la vertu et le crime.

Chabot et Vaujoie arrivent à l'hôtel du ministère de la justice ; ils arrêtent de concert avec Danton et Fabre d'Eglantine la proclamation suivante :

« L'assemblée nationale est déchue , pour avoir suspendu le Roi , sans mandat , sans droit.

» Les pouvoirs législatif et exécutif sont donnés provisoirement à la commune et aux comités des 48 sections révolutionnaires de Paris.

» Dans le cas où les tyrans coalisés resteraient, en armes, en France, il leur sera opposé, 1°. le tyran, sa femme, sa sœur et les enfans détenus au temple, pieds et mains liés ; 2°. les prêtres, les nobles et les aristocrates seront arrêtés et amenés au camp près Châlons.

» Derrière ces deux lignes de défenses, et sur leurs flancs, seront placés cent pièces de canon, chargés à mitraille.

» Il sera notifié à Brunswick par Billaud-Varennes, Marat et Carra, accompagnés de Westermann, que s'il ne fait pas dans deux heures, prompte retraite, les deux lignes seront mises à mort.

» Trois camps seront établis de Paris à Châlons aux lieux indiqués par Dufourny, Vincent, Hassenfrat, et deux ingénieurs, choisis par le général Dumouriez.

» Paris sera miné à une lieue de circonvalation ; les granges et les meules de moulins seront brûlées ; les farines emmagasinées seront empoisonnées ; les moulins, les hôpitaux et les maisons des aristocrates, sur la route de Paris à Châlons, et sur toute autre route que pourraient prendre les armées des tyrans, seront détruits par la mine.

» Les fortunes des riches sont mises à la disposition du gouvernement révolutionnaire.

» Le Français appelé aux armes et qui ne les prendra pas dans les 24 heures, sera fusillé, sans jugement, comme complice ou espion des ennemis de l'Etat.

» Les femmes requises par l'autorité civile ou militaire, de suivre les armées, pour faire de la charpie, seront arrêtées en cas de refus.

» Les prisonniers de guerre seront mis à mort.

» La France est en état de siége.

» Des commissaires seront envoyés dans les départemens pour faire les levées des Français âgés depuis 15 *ans jusqu'à* 45 *ans*, mariés ou non mariés.

» Les officiers depuis le grade de capitaine jusqu'à celui de général en chef, a droit de mort sur le soldat, qui n'obéira pas à ses ordres ou qui quittera ses drapeaux.

» Il sera distribué aux sans-culottes de Paris

et à leurs femmes, des piques pour faire la garde de Paris.

» La commune de Paris fournira dans 24 heures 400,000 hommes qui se rendront de suite à Châlons.

» Toutes les voitures, chaises de postes, cabriolets de place, tous chevaux de travail ou de luxe sont mis en réquisition.

» Les boutiques seront fermées pendant un mois et les tribunaux vaqueront pendant trois mois.

» Les auteurs des cris et placards séditieux seront punis de mort, par une commission de trois membres, prise dans la commune révolutionnaire de Paris, et hors Paris par les commissaires envoyés près les armées. »

Telle est la proclamation abominable qu'adopta le ministre de la justice, ce *Danton* qui, de fait, n'était qu'un dictateur. (1)

La retraite du duc de Brunswick mit fin aux inquiétudes mortelles des infâmes qui avaient usurpé le pouvoir royal.

Le danger passé, les girondins et les montagnards ne cessèrent de se déclarer une guerre d'extermination; la perfidie, la vengeance et la discordance dans la conduite qu'on devait tenir envers le Roi, avaient brisé le ressort de la confiance qui s'était formé entr'eux.

Détrônera-t-on ou enchaînera-t-on le souverain

______

(1) Cette pièce imprimée a été lue par Pétion, le 25 juillet 1793, en présence de quinze personnes, logées à l'intendance de Caen.

légitime, suspendu de son autorité? Car, jusqu'à présent, ce ne sont que les commis du peuple qui ont adopté une résolution, qui, pour être définitive, doit recevoir la ratification de leurs déléguans. Voilà, du moins, les principes sur lesquels a reposé long-temps une discussion assez vive.

Toutes les fois que les girondins demandent que les massacreurs des 2 et 3 septembre soient poursuivis judiciairement les montagnards votent pour que le procès soit fait préalablement à Louis XVI comme *assassin du peuple*.

Les montagnards forts d'audace et d'immoralité, les *patriotes* du 2 septembre qui employaient le tocsin pour faire des insurrections, hâtèrent de marche, et arrivèrent aux jours fixés pour cet exécrable événement que les générations maudiront, comme les français ont maudit les heures auxquelles naquirent les Ravaillac, les Damiens.

Ils préludèrent à l'assassinat de Louis XVI, par une agitation systématique, par des pétitions de commande, par le *crescendo* des maximes pernicieuses, par l'approbation des massacres et par la provocation au meurtre des français royalistes, qu'ils appelaient des *étrangers* dans la France.

Jean Debry prétendit que le moyen d'arrêter tous les germes de discorde, était de prononcer sur le sort d'un homme qui a compromis celui de la France entière, du ci-devant Roi.

L'abbé Grégoire se glorifia d'avoir prouvé il y a 16 mois que Louis XVI pouvait et devait être jugé. Il eut la mauvaise foi de professer que

l'inviolabilité s'évanouissait devant la volonté
nationale, et pour faire admettre cette mons-
truosité en politique, il s'écria avec audace.
Quelle ame est plus féconde en atrocités que
celles d'un Roi ! il demanda s'il restait à Louis
XVI *qui avait tout fait pour obtenir du mépris*, encore une place à la haine. Grégoire reçut
la récompense de ces outrages sanglans par sa
nomination à la présidence de la convention.

Comme président, il fit la réponse suivante
à Doppet, Favre, Dessaix et Villard, députés,
pour demander la réunion de la Savoie à la
France.

« Représentans d'un *souverain*, ce fut un
grand jour pour *l'univers*, celui où la convention nationale prononça ces mots : *la royauté
est abolie*; de cette nouvelle ère, beaucoup de
peuples dateront leur existence politique.

« Depuis l'origine des sociétés, *les rois sont
en révolte ouverte* contre les nations, mais les
nations commencent à se lever en masse, pour
écraser les rois. La raison qui resplendit de
toutes parts, revèle d'éternelles vérités, elle dé-
roule la grande charte des droits de l'homme,
l'épouvantail des despotes.

« Semblable à la poudre à canon, plus la
liberté fut comprimée, plus son explosion sera
terrible. Cette explosion va se faire *dans les deux
mondes*, et renverser les trônes, qui s'abîme-
ront dans la souveraineté des peuples.

« Il arrive donc ce moment où l'orgueil stu-
pide des tyrans sera humilié, où les *négriers* et
les rois seront l'horreur de l'Europe *pacifiée*,
ou leur perversité *héréditaire* n'existera plus

que dans les archives du crime ; bientôt enfin ,
on verra cicatriser les plaies des nations , recons-
tituer pour ainsi dire l'espèce humaine et amé-
liorer le sort de la grande famille.

« Des respectables insulaires furent nos maî-
tres dans l'art social. Devenus nos disciples et
marchant sur nos traces , bientôt les fiers anglais imprimeront une nouvelle secousse qui
retentira jusqu'au fond de l'Asie.

. . . . Les statues des Capet ont roulé dans la
poussière , elle se changent en canons, pour les
foudroyer , *s'ils osaient relever leur tête* pour
lutter contre la nation. Si *quelqu'un* tentait
de nous imposer de nouveaux fers, nous les
briserions sur sa tête. »

Cette réponse fut imprimée dans toutes les
langues, et les clubs envoyèrent des énergumè-
nes fanatisés par ce discours infâme de *l'indigne*
Grégoire, pour frapper de mort tous les Rois,
tous les Bourbons.

La société anglaise de Sheffield fit une adresse
à la convention, signée David-Martin , président , James Horsfield , secrétaire et John Al-
coch , trésorier.

Cette adresse fut remise par Wollesley, anglais, l'un des héros de la Bastille , logé près les
Quinze-Vingt ; le même Wollesley qui a figu-
ré en 1819, parmi les radicaux, à Manchester.

« Nous suivons les progrès de votre révolution , disaient ces jacobins, et si notre gouvernement ne gardait pas la foi de la neutralité
qu'il a promise, nous regarderions l'acte contraire , comme une déclaration de guerre contre

nos libertés et nous emploïerions toute l'influence que nous avons et tous les moyens qui sont en notre pouvoir, pour *arrêter le bras qui serait levé contre nous.*

« Les députés de la société dite *Constitutionnal-Information*, à Manchester, nommés Owarth et Coopès, virent féliciter la convention sur les triomphes de la liberté, et faire un don patriotique de mille paires de souliers.

Dans leur discours, ou remarquait ce vers :

Les Rois sont passagers, le peuple est éternel !

Grégoire leur fit cette réponse prophétique :
« Fiers enfans d'une nation qui a illustré les deux mondes, et donné de grands exemples à l'univers, vous nous apportez plus que des vœux, puisque le sort de nos guerriers a mérité votre sollicitude. *Les défenseurs de notre liberté le seront un jour de la vôtre.* Vous aviez des droits à notre estime, vous en aurez à notre reconnaissance, et les hommes libres n'oublieront jamais ce qu'ils doivent à la nation anglaise. — Les ombres de Penn, de Hampsden, de Sydney planeront sur vos têtes. Il approche le moment où des français iront *féliciter la convention nationale de la Grande-Bretagne.* »

A-t-il existé un séditieux plus barbare, plus atroce, plus fécond en scélératesse, que cet abbé Grégoire !

Les harangues de ce prêtre impie et régicide, l'associeront toujours aux parricides qui se commettront de siècle en siècle, il porte sur sa tête, courbée plus encore par le crime que par l'âge, le fardeau de toutes les ignominies, de toutes les calamités qui ont lieu dans les deux mondes.

Il a assassiné un Bourbon, Roi de France, la fille des Césars, reine de France, un enfant chéri, Roi de France, une princesse, symbole de l'amitié ; le brave duc d'Enghien...

Il a porté les torches des furies dans le nouveau monde, il a placé les poignards du régicide sur le continent, il a soulevé le peuple anglais, demandant une convention.

Des Bourbons sont revenus en France....... *le poignard a été dans le sein du duc de Berry*. Quelques autres Louvel, ramasseront-ils les débris des statues de nos Rois qui ont roulés dans la poussière, et sont changés en canons pour foudroyer Louis XVIII *qui n'a pas voulu recevoir la constitution que lui imposait un sénat usurpateur dont Grégoire faisait nombre*.

Une partie de ses prophéties est accomplie!

Quand Louis **XVIII** est rentré dans ses états, S. M. n'ignorait pas qu'il existait dans Paris ou dans Arceuil, ce Grégoire, assassin de sa famille.

Si Louis XVIII avait ignoré son existence. les troubles d'Allemagne, d'Angleterre, d'Espagne et des Colonies la lui auraient révélées.

Les ministres, qui se sont convaincus que Grégoire fréquentait cette race, dite libérale, dont le style quotidien répete, en termes mystérieux, ces cruelles prédictions ; n'auraient-ils pas dû appliquer à cet *ultra*-régicide la loi du bannissement.

Parce que M. de Cazes, dont le cœur est aussi bas que sa basse origine, avait mendié la protection de Grégoire, pour s'élever jusqu'au niveau du trône impérial, devait-il tolérer en France, un régicide qui a fait verser des torrens de larmes à toutes les familles européennes?

Mais dès l'instant que ce ministre à double face, a encouragé, payé même ces écrivains ayant l'art des Circé, et nourrissans chaque jour du poison de 1792, le peuple qu'ils égarent, il a dû protéger à son tour son ancien protecteur.

Qu'a-t-il fait pendant son trop long ministère? Rien que la perfidie n'avoue. Il s'est fait une conscience, mais quand on s'est fait une conscience.

On sait se faire un front qui ne rougit jamais.

M. de Cazes, n'ayant pu surprendre la confiance des royalistes, s'est jeté dans le parti libéral. —C'est un fait aujourd'hui notoire.

Récapitulons sa conduite, et tirons une ligne parallèle.

Il a permis que les libéraux formassent en 1817, un club d'amis *de la liberté de la presse;* comme M. Necker avait autorisé la formation d'un club breton, en 1789.

Ces deux clubs ont été composés, d'abord, de députés, mais bientôt après, ils se sont renforcés d'hommes de lettres, de professeurs, de banquiers, d'avocats.

Les Bretons exigeaient 5 francs pour droit

d'admission. — Les libéraux payaient le même tribut.

Les Bretons venaient au secours des *patriotes* malheureux. — Les libéraux ont aumoné les nécessiteux, et payé en partie, les amendes auxquelles ont été condamnés leurs écrivains, même leurs protégés Sainneville et Fabvier.

Les Bretons ont fait des quêtes pour les soldats de Châteauvieux, condamnés aux galères comme factieux; ils ont même obtenu leurs grâces à force de crier à l'oppression ; ils ont ouvert des souscriptions au bureau des jacobins, en faveur des frères et amis, que la justice poursuivait, n'importe pour quels méfaits.

Les libéraux n'ont cessé de faire des appels à la pitié publique, pour une chaumière légalement détruite, et pour les exilés qui se sont rendus au Texas.

Les Bretons, confondus avec les jacobins, ont proposé les lois qu'ils devaient imposer aux ministres.

Les libéraux, d'accord avec les doctrinaires, ont rédigé les projets de lois sur la liberté de la presse, le recrutement de l'armée etc.

Les jacobins avaient leurs feuilles, les libéraux ont leurs journaux.

Les jacobins blasphémaient contre la religion révélée, les libéraux ont rejeté la motion de placer le mot *religion*, dans les lois.

Les jacobins ont éloigné les Suisses, supprimé les gardes du corps. — Les libéraux ne cessent de réclamer contre le service des Suisses en

France et de provoquer le remplacement des gardes du corps par les troupes de ligne.

Les jacobins avaient soulevé les noirs contre les blancs , ils étaient parvenus à détacher de la Métropole, toutes nos Colonies. — Les libéraux félicitent les insurgés de Venezuela , Chily , Buenos-Ayres , sur leurs triomphes contre les troupes espagnoles, sur leur formation en république et sur leur révolte contre leur Roi. — Si la vérité nous montre ces malheureux indépendans, réduits à une bande de brigands et de flibustiers , disséminés dans les vastes déserts de l'Amérique; le mensonge en fait une armée formidable qui , tous les mois , tue le général Morillo et les troupes royales qu'il commande.

Les journaux jacobins insinuèrent dans le peuple que la religion n'était qu'une superstition , les ministres, des charlatans, les cérémonies de l'église , des momeries , et les objets destinés à l'exercice du culte , des hochets de fanatisme. — Les journaux libéraux appèlent la religion , l'intolérance , les ministres, des empiriques ; les cérémonies religieuses , des pratiques minutieuses, les scapulaires, les chapelets, les livres de cantiques , des marchandises *honteuses*.... et ils finissent par conseiller aux impies, de marcher pendant qu'ils ont la *lumière*, de peur que les ténèbres ne les surprennent.

Les feuilles jacobites disaient que les tyrans étaient mûrs , et que les peuples mûrissaient, que la jonglerie du Christ ne paraissait imposante qu'au vulgaire, que la *liberté* était le messie promis, qu'elle était une puissance souveraine qui briserait les trônes, que dès l'instant qu'elle se saisirait de la souveraineté des pouvoirs, elle n'avait besoin ni de Charte, ni de monumens historiques, qu'elle s'était frayée une route dans la Belgique, pour réduire en poussière les trônes des *tyrans* qui déjà tremblaient dans le Nord.

Les feuilles *libérales* répètent que le *jour* où la liberté nous est apparue pour la *première fois*, elle a pris rang, comme une puissance souveraine, à laquelle toutes les *autres* puissances de la terre ont dû ceder, que ses défenseurs ont été assurés de la victoire et ses adversaires, dévoués à de continuelles défections. — Qu'un mouvement pareil à celui que la réunion des Etats-généraux communiqua si rapidement à toute la France, n'éclate chez un peuple que parce que ce peuple est *mûr* pour de nouvelles destinées, et qu'il règne dans son sein un certain nombre d'idées justes, de vœux fondés sur des besoins, des désirs suggérés par des *lumières*. (*Constitutionnel du* 14 *juin* 1819.)

Jean Debry avait fait arrêter la formation d'une bande de 1200 tyrannicides, qui, armés de poignards, donnaient la mort aux rois, à leurs généraux.

En 1818, nous avons vu le duc de Wellington, attaqué par des assassins dans Paris; S. M. l'Empereur de Russie, prêt de tomber dans les mains des Français exilés dans Bruxelles; M. Kotzebue, conseiller privé de l'empereur Alexandre assassiné dans l'Allemagne, par Sand, teutonien.

M. de Cazes a rappelé de son autorité privée les régicides qu'une loi avait bannis à perpétuité, et c'est de cette époque, que les troubles

en Allemagne , en Espagne , en Angleterre ,
sont devenus plus inquiétans.

Le club des jacobins publiait , à l'avance , la
liste des députés qui devaient être nommés pour
constater leur force , aux yeux des incrédules.
— Le comité directeur-libéral a donné avant la
réunion des colléges électoraux les noms des
députés qu'il ferait élire.

Le comité de sûreté générale ne troubla la société des jacobins , que quand les députés montagnards disputaient entr'eux la faveur de cette
secte Clémentine qui voulait les chasser, pour
prendre leur place. — M. le duc de Cazes n'a
fait fermer le club Gevaudan que, quand ce
club a tenté de l'assujétir à sa volonté.

Les premiers destructeurs des lois fondamen-
tales de la France changèrent le titre du Roi de
France et de Navarre, en celui du Roi *des Français*. — Les libéraux du temps ne reconnaissent
pas Louis XVIII , comme Roi de France et de
Navarre, mais comme Roi *Constitutionnel*,
c'est-à-dire , Roi *par la Charte*.

Le 18 fructidor an 5, fit rétrograder la maison Bourbon prête à rentrer en France.

L'ordonnance du 5 septembre 1817 , a retardé
le triomphe des principes moraux sur les maximes pernicieuses.

Le député Bailleul disait dans une lettre à ses
commettans, en fructidor « que des conjurés
avaient planté leur étendard jusques dans le sein
du corps législatif, qu'après avoir suivi le plan
astucieux de la contre-révolution et au moment
d'être démasqués aux yeux des plus entêtés et
des plus stupides, ils organisaient la guerre ci-

vile et se préparaient à soutenir les armes à la main l'ouvrage qu'ils avaient conduit jusqu'à ce jour, par l'intrigue et dans l'obscurité.... Républicains, on propose de créer un Fouquier-Tinville *royal* pour vous poursuivre, et un tribunal révolutionnaire pour vous juger.»

Il faut, disait encore Bailleul (séance du 19 fructidor) que tout privilégié qui n'a pas fait abjuration de sa qualité, qui n'a pas fait amende honorable à l'humanité, de l'outrage qui lui a été fait, soit exclu des fonctions publiques; la révolution n'a-t-elle pas été principalement dirigée contr'eux ?

Les *constitutionnels* demandent le renouvellement de tous les fonctionnaires publics, qui n'ont pas vu la *lumière*, au jour où la liberté est apparue, pour la *première fois*, ils ne reconnaissent que des citoyens *libres*, traitent le Roi et les nobles, d'*étrangers* en France, appellent M. Bellard, procureur-général qui a conclu dans le procès de l'ex-maréchal Ney, de Fouquier-Tinville royal, et la Chambre des Pairs, de tribunal révolutionnaire. Ils vouent chaque jour, aux poignards, les privilégiés qui n'ont pas abjuré leur qualité.

Robespierre, St.-Just, Condorcet, etc. professaient que les chaires étaient destinées à répandre les lumières de leur règne, à haïr et tuer les rois, et à favoriser les principes antichrétiens.

M. Bavoux, professeur suppléant d'une chaire de droit a été prévenu d'avoir prouvé à ses élèves que les peines contre le coupable qui tue un

Prince royal, doivent être les mêmes que celles encourues par l'assassin d'un particulier.

Le 9 mai 1792, on fit une tentative inutile pour brûler la maison des communes, en Angleterre, le feu commençait à faire des progrès rapides, lorsque l'on s'en aperçut.

La gazette de Paris qui rapporta ce fait dans ses détails, imprima une lettre qui contenait les passages suivans :

« On soupçonne seulement les agens incendiaires de l'Embrion Chauvelin (ambassadeur de France), qui cherchent à exciter ici des troubles par tous les moyens possibles. Chauvelin est fier et arrogant tout-à-la-fois. Il a paru bien mortifié de l'accueil *plus que froid* qu'il a reçu ici du Roi et de la Reine. Il est sorti, en fureur, des appartemens de S. M. la Reine, qui affecta de montrer pour la petite personne du très-petit homme, tout le mépris qu'il mérite... »

Le roi de Suède avait été assassiné en 1791, dans un bal au spectacle, par les Ancastrom qui étaient venus tremper leurs armes dans l'atelier des Jacobins, à Paris.

Des Teutoniens complotèrent l'assassinat du roi de Prusse qui avait fait arrêter et fusiller des émissaires français, se rendant à Mittau pour poignarder Louis XVIII.

A Dillingen, le Roi de France reçut un coup de feu à la tête.

La Hollande se souleva ; Liège, les Pays-Bas s'ébranlèrent plus fortement que jamais, les radicaux anglais inquiétaient le gouvernement.

Des émissaires, dont nous taisons les noms, pour

ne pas troubler leurs jouissances et affliger leurs familles, furent envoyés à Hambourg, dans et hors le continent, pour assassiner les Bourbons.

Les jacobins disaient hautement dans leur société, que les amis de la liberté courraient le monde, pour faire mordre la poussière aux tyrans (aux rois). — Tallien n'annonçait-il pas dans cet antre de crime le jour même que le roi de Suède fut frappé à mort, que Gustave avait cessé de vivre, que Léopold tremblait sur son trône.

Tous les papiers de ces sociétaires proclamaient que le meurtre des Rois, n'était qu'un *juste ressentiment* du peuple.

Les feuilles libérales n'ont-elles pas dit que les Teutoniens qui avaient assassiné Kotzebuc, etc· ne s'étaient portés à cette *frénésie*, que, pour punir les Rois, de retarder l'exécution du pact[e] fédéral qui, suivant elles, assurait aux Etat[s] d'Allemagne, la jouissance du système repré[s] sentatif, que les arrestations des professeur[s] des universités produisaient une sensation *fâ*[s] *cheuse*.

« Après quatre années de promesses éludées, après quatre années, d'opiniâtres déclamations, il n'y avait plus moyen de reculer, il fallait satisfaire au vœu de la nation prussienne ; une commission législative est enfin nommée ; l'heure *fatale* va sonner......*il était temps qu'une grande conspiration éclatât, et voilà que nos pressentimens se réalisent.* L'histoire de nos gouvernemens est fertile en complots, dont la découverte arrive juste *la veille du jour* où les

(54)

gouvernemens doivent tenir leur parole. — Ce
ne sont pas des jeux d'enfans que les conspirations allemandes ; les poignards s'en mêlent ,
c'est-à-dire , que les arrestations et toutes les
mesures de salut public vont leur train. Tout
est tragique et sombre dans la patrie de Wer-
ther. *Débrouillera* qui pourra le fil de ce dra-
me ! il n'y a que le dénouement qui soit facile
à prévoir ; on sent bien que l'ajournement de la
constitution est inévitable , car c'est la constitution que les conspirateurs ont voulue. » (Constitutionnel du 25 juillet 1819.)

Les constitutionnels n'ont reconnu dans les
radicaux de Smithfield et Manchester que le
sentiment d'un malaise et d'une situation deve-
nue intolérable. Ils ont trouvé que la manière
de mettre sur pied un nombreux corps de cava-
lerie , pour prévenir les troubles était déplora-
ble. — (Il est certain cependant que les radicaux
ont arboré la cocarde tricolore , demandé une
convention et une révolution *à la mode française.*)

Les décrets de Francfort ont ému la sensibi-
lité des libéraux. Ils sont dirigés , ont-ils dit ,
contre les progrès de la civilisation ; en frap-
pant les libertés d'Allemagne , ils frappent celles
de toute l'Europe. Ils en appèlent aux puissances
secondaires de la confédération , ils leur conseil-
lent de faire cause commune avec les peuples ;
c'est dans l'accomplissement de ce devoir , ajou-
tent-ils, qu'ils trouveront la plus solide des ga-
ranties.....

L'élection du régicide Grégoire à la chambre
des députés, par le département de l'Isère, com-

mandée par le comité directeur, et conçue dans le dessein de faire entrer, à bas bruit, les meur-triers de Louis XVI, dans une future convention, a excité un murmure général d'improbation.

Les journaux, trompettes de ce comité, ont pris sa défense : Grégoire, suivant eux, est *un* respectable septuagénaire, un vénétable, un honorable ami de la liberté, un PRINCIPE. — La chambre des députés a rejeté Grégoire et *le* PRINCIPE comme *indignes*.

Une fraction de l'armée d'Espagne se met en rebellion contre son roi, s'empare de ses villes, de ses arsenaux, de partie des approvisionne-mens de la grande expédition, et cherche à faire revivre le cortès et sa constitution.

Non seulement les libéraux chantent déja les *hymnes marseillaises*, à l'honneur des insurgés; mais ils se font adresser des lettres qui donnent les nouvelles les plus alarmantes. A les en croire, Cadix est pris tel jour, encore tel jour, puis un autre jour, plusieurs provinces sont sous les armes. Les armées insurrectionnaires sont nombreuses, et le roi Ferdinand perdra sa couronne, s'il ne se soumet pas à la volonté de l'armée en pleine marche sur Madrid.

Les lenteurs du général Freyre, étaient com-mandées par l'humanité.

L'humanité, ce sentiment philantropique, n'a-t-elle pas son code à part?

Le Roi avertit le soldat égaré, ouvre son sein au repentir. Mais si le soldat reste en état de rébellion, le monarque ne doit pas se borner à faire entendre les accens plaintifs de Philotecte, à qui l'on a ravi les armes d'Achile.

Aussi, Ferdinand VII, le premier, qui, après l'extinction de la branche aînée des Bourbons, a droit de monter sur le trône de France, justement indigné de voir que l'un de ses généraux, marchant l'olivier de la paix, à la main, n'avait pu rappeler, des troupes révoltées, à l'obéissance, à la fidélité, a nommé un homme de guerre, qui les enveloppe, les poursuit, les disperse, les combat et les détruit......

Espérons que les libéraux auront, sous peu de temps, la preuve, que le roi d'Espagne a éteint, par sa puissance absolue, et par la confiance du peuple dans son souverain, le feu de la guerre civile qu'ils ont allumé dans ses états.

Ainsi, les empereurs de Russie et d'Allemagne, les rois de Prusse, de Naples, de Turin qui ne s'occupent pas de remplacer leurs anciennes constitutions, sous les quelles leurs peuples vivent heurenx, sont menacés de périr par la main du peuple nouveau.

La France, l'Europe n'ont pas cessé d'être agitées, par des doctrines empoisonnées, dont les flatteurs du peuple se sont fait un mérite auprès de lui.

La charte royale a été exposée, chaque année à des tempêtes politiques, c'est sous l'ombre de cette charte que des régicides ont aiguisé les poignards, dont un a frappé le cœur d'un prince aimé par les braves, chéri par les pauvres, héritier des qualités éminentes de Henri IV.

Qui a mis le fer homicide dans les mains du garçon sellier, Louvel? Le *vertueux* Grégoire.

Qui l'a enrolé dans la compagnie des douze cents tyrannicides? L'*honorable* Jean Debry.

Qui a exaspéré sa tête? — L'homme de l'Ile-d'Elbe.

Qui a notifié d'avance ce crime épouvantable? Le club des représentans des cent jours qui ont proscrit la famille royale des Bourbons.

Qui a essayé d'affaiblir, dans l'ame du peuple, l'indignation générale qui poursuit les meurtriers de Louis XVI? Un ministre dictateur, qui, de son propre mouvement, a rappelé des régicides bannis à perpétuité, par une loi irrévocable.

Qu'elle est la faction, qui a repoussé, dès le moment de l'arrestation de Louvel, cette opinion presqu'unanime, exprimée du haut de la tribune, par M. Chabron de Sollilhac, député.

« Le crime de Louvel nous redit, et la révolution, nous crie depuis trente ans que les hommes qui méconnaissent l'existence du Roi du ciel, sont les implacables ennemis des Rois de la terre ; ce sont eux qui ont résolu la chûte du trône ; c'est à leur profit que le crime a désolé et ravagé le monde, et *c'est dans leur intérêt* que l'attentat de Louvel a été consommé. »

En effet, les écrivains du club Gevaudan ne se sont-ils pas entendus pour imprimer, deux jours après cet exécrable attentat, que le crime de Louvel était isolé, et que ce criminel n'avait pas de complices.

Quel intérêt ont donc les journalistes anti-monarchiques qui appellent *armée constitutionnelle,* une troupe de soldats révoltés contre le roi d'Espagne, pour donner à l'opinion une fausse direction.

Ils ont dit. 1° Louvel ne sait ni lire, ni écrire. — Ils connaissent donc Louvel ?

2°. Il n'est pas vrai que Louvel s'est laissé égarer par la lecture de leurs doctrines abominables, puisqu'il a déclaré que, depuis quatre ans, il avait pris la résolution de détruire la maison Bourbon, et partant de cette hypothèse, ils ont tiré cette conséquence que Louvel n'a pas pu trouver, dans la coupe empoisonnée qu'ils ne présentent que depuis trois ans, au peuple européen, le breuvage qui rend l'homme criminel.

Que ces écrivains déclinent leurs noms, et on reconnaitra, dans leur société, les anciens rédacteurs du *Nain jaune*, et de ces feuilles anti-bourbonniennes qui ont amené la funeste catastrophe du 20 mars.

Grégoire, qui a commandé en novembre 1792, de tuer les Bourbons qui mettraient le pied en France, n'avait-il pas repris sa place dans le corps *d'instruction* publique, pendant les cent jours ?

Jean de Bry n'avait-t-il pas reçu, dans ces temps de calamité, la qualité de commissaire extraordinaire, dans des divisions militaires ?

Les écrivains des cent jours n'ont-ils pas poussé les cris de *haine et de mort* contre les Bourbons ?

Les meurtriers du duc d'Enghein n'ont-ils pas été rétablis dans leurs places ?

Sous le ministère de M. de Cazes, les régicides qui avaient présenté une supplique à l'empercur Alexandre, pour donner à la France, un Roi pris hors la famille Bourbon, n'ont-ils pas été rappelés?

Quelques assassins du duc d'Enghein n'ont-ils pas été acquités du crime de félonie, sans éprouver la moindre opposition judiciaire?

Des espions de police n'ont-ils pas été les messagers d'un ministre près la famille de l'usurpateur?

Une ex-reine n'est-elle pas restée, *incognito* dans Paris, sous sa protectiou spéciale?

Les impressions du *manuscrit* de Ste.-Héléne, et d'autres ouvrages, indirectement favorables à Buonaparte, et injurieux aux Bourbons, n'ont-elles pas été faites, même avec l'argent de la police?

En un mot, les principes pernicieux n'ont-ils pas été toujours dirigés contre la royauté légitime?

C'est donc le ministre de Cazes, et les feuilles libérales qu'il a tolérées ou payées, qui ont aussi aiguisé le poignard dans les mains de Louvel, et qui l'ont rendu furieux par degrés.

Si Louvel, chez qui on a trouvé ces feuilles avait nourri son esprit de la lecture des journaux royalistes, sa raison n'aurait pas changé en délire. Mais les régicides et leurs avocats lui ont présenté la coupe funeste; il l'a bue, a repris toute sa fureur, et s'est trouvé dans un état de fièvre, tel, que s'il n'eût pas assassiné le plus jeune des Princes il aurait déchiré de sa main ses propres entrailles.

Disons donc que, c'est parce que les horri-

bles doctrines de Grégoire , de Jean-Debry et
de tant d'autres bourreaux du genre humain ,
sur le régicide , ont eu des continuateurs , des
professeurs , des approbateurs , qu'un garçon
sellier s'est offert ou s'est constitué leur farouche seïde.

3°. Les liberaux ont publié que Louvel n'a-
vait pas de complices.

Il n'avait pas de complices , parce qu'il l'a
affirmé , au moment de son arrestation.

Quelle foi a-t-on pu ajouter à la déclaration
d'un monstre qui ne reconnait ni Dieu , ni
Roi?

Mais la satisfaction de Louvel qui croyait
entendre le son du canon au moment de son
arrestation et qui ne put s'empêcher de s'écrier,
malgré lui , je suis sauvé , n'était-elle pas déjà
une présomption qu'il n'avait été que le vil
exécuteur des régicides.

Tout homme *désintéressé* qui a rapproché
ces deux mouvemens de l'esprit, a été autorisé à dire , que Louvel avait des complices.

Nous partageons sincèrement l'opinion des
bons Français qui voudraient trouver Louvel
seul avec son crime ; mais ces indiscrétions
faites dans plusieurs villes de la France , avant
l'assassinat , ou la nouvelle de l'assassinat du
duc de Berry , *que ce prince était tué* , n'an-
noncent-elles pas que ce crime apartient à une
faction , et où chercher cette faction? dans les
régicides , dans les feuilles qui menacent les
Rois d'un coup de poignard , si leurs peuples
n'ont pas la jouissance du système représenta-

tif, qui donnent des encouragemens aux radicaux Anglais, aux Teutoniens en Allemagne,
aux Carbonaris en Italie, aux *Josephins* en
Espagne, aux Bolivards, en Amérique....

En Angleterre le peuple vit sous un gouvernement représentatif, et cependant l'agitation qui s'est développée dans les assemblées
en plein air, n'a t-elle pas fini par mettre le
23 février, les armes aux mains des représentans du parti qui a assassiné Charles Ier.?

S'il fallait passer en revue les gouvernemens, dont le mode protège principalement
les têtes des rois, nous citerions la Russie,
l'Autriche, la Prusse, Naples, Sardaigne, et
nous concluerions, par opposition aux constitutionnels, que les rois sont tranquilles, la
morale est pure, et les sujets jouissent d'un
bonheur sans mélanges, dans le pays où le
peuple n'a qu'une faible part à la législation.

Mais les clubs dominateurs, liés par des
sermens abominables, ont pris pour doctrine
tuons de crainte d'être *tués*, et ils tueront
toujours, jusqu'à ce que la justice les tue.

On les a vus en France dans les cent jours;
tout teints du sang de Louis XVI, de la reine
Antoinette, de la divine Elisabeth, n'ont-ils
pas proscrit, c'est à dire, mis hors la loi la
famille des Bourbons? C'est la première ex-
pression de cette secte irascible, au moment
où elle est sortie de sa caverne ténébreuse;
elle était impatiente d'éteindre, dans le cœur
royal, cette flamme qui sert de flambeau au
peuple dont la vertu toujours grande et noble
leur paraît un témoin redoutable qui, sans
cesse, déposera contre eux.

S'il est une race étrangère dans la France, ce n'est pas celle, qui a ramené la religion, la légitimité, l'honneur et la gloire ; mais bien cette tourbe de régicides qui ont encore la haine des rois dans le cœur, et pour auxiliaires ces serpens à triple dard, dont le sifflement blasphème contre le ciel.

Et parce que le mal porte dans son sein le crime, conséquemment la mort, n'est-il pas donné à l'intelligence humaine de prévenir ou parer ses coups ?

Deux fois, la sagesse, la prévoyance du Roi ont été mises en défaut par ses propres ministres.

Les ministres d'avant le 20 mars, n'avaient des yeux que pour voir dans le coffre du trésor, et des mains, que pour signer la proscription des royalistes.

Après le 20 mars, un M. de Cazes et sa sœur, Princeteau, sont devenus les ministres de toute influence ; c'étaient Concini et sa femme qui surprenaient la religion du Monarque, et qui avaient consigné la vérité à la porte du cabinet de Louis XVIII. (1)

---

(1) Chacun connaît la vie politique de M. de Cazes. Quant à la dame Princeteau, on saura qu'un sieur Princeteau, de Saint-André-de-Cuzac, département de la Gironde, simple campagnard, acheta pendant la révolution, les hauteurs de Cuzac, bordant la Dordogne, et les mit en culture de vignes, que l'exploitation lui procurait chaque année de 15 à 1800 tonneaux de vin ; qu'il posséda, en outre dans l'entre deux-mer, un petit morceau de terrain de 800 journaux ; que son fils demanda la main de Mademoiselle de Cazes, fille non pas

M. de Cazes, enfant de la révolution, n'a travaillé qu'à en assurer les intérêts moraux.

Delà sa haine invétérée contre les personnes qui ont en horreur cette hydre monstrueuse.

On l'a souvent entendu dire aux émigrés. Pourquoi n'êtes-vous pas restés à Paris, vous auriez défendu votre Roi, et on ne vous traiterait pas d'*étrangers* en France.

Un émigré mit sous ses yeux un passage de la déclaration de Louis XVI, quittant Paris, le 20 juin 1791, pour se rendre à Mont-Médi.

---

de Cazes, l'Africain, non pas de Cazes *la Bæta*, mais celle de Cazes *Loucouqui*; que le gouvernement Anglais bloqua la France en 1803, que cette mesure empêcha le débouché des vins du père Princeteau et le ruina de fond en comble; qu'en 1809, il fut obligé de faire abandon de ses propriétés à ses créanciers; que son fils fut envoyé en 1812 avec plusieurs employés Français à Barcelone, du nombre desquels était l'intendant M. le comte de Chauvelin (député) pour établir les droits réunis, loterie, postes etc; que le fils chassé d'Espagne comme tous les autres Français, n'eut qu'un petit emploi dans le midi; qu'en 1816, il obtint l'inspection générale des droits réunis à Limoges, où il s'est établi de son propre mouvement, grand veneur;

Comme les paysans avaient donné à son père le titre de *Prince* de Cuzac, le fils répondait aux Limousins qui lui disaient votre beau-frère est comte, et vous n'êtes pas même chevalier. — Je suis plus que lui, *je suis prince et Prince de Cuzac.* — Depuis cette facétie, les subordonnés n'appellent plus M. Princeteau, que le *Prince* de Cuzac.

Ainsi, dans cette famille, il y a maintenant un prince et un duc.

Voilà, l'origine de ces ministres!

» Je suis votre Roi : placé dans la capitale, au *milieu des poignards* et des bayonettes, je viens chercher en province, au milieu de mes sujets *fidèles* la liberté et la paix dont vous jouissez tous... Je ne puis plus rester à Paris, *sans y mourir*, ma famille et moi...»

» Qui l'a ramené dans Paris? qui a été la cause de sa mort? cherchez sur les banquettes de l'extrême gauche de la chambre des députés; appelez-le, et il aura encore le courage de décliner son nom. »

Depuis cette réponse, *ex abrupto*, M. de Cazes offrit son amitié à ceux des émigrés qui l'honoreraient comme un Sully.

Quelques hommes tarés en firent un demi-dieu, et reçurent le salaire de leur bassesse. Mais les royalistes qui avaient pleuré sur la tombe de la monarchie française, ne signalèrent dans M. de Cazes, que l'hypocrisie de Necker, et prévoyaient que le ministre Liboumois serait, comme le ministre génevois, le fléau de la France.

En effet, cet homme superbe, intriguant, tyran par penchant, n'a-t-il pas commencé sa carrière dans le ministère, comme le jongleur Necker?

De même que Necker conjura la perte de M. Taboureau, ministre des finances, son bienfaiteur, de même M. de Cazes a fait proscrire le régicide Fouché, son ami, son protecteur, pour prendre sa place de ministre de la police.

Maître du premier, du plus intéressant poste du ministère, il a fait renvoyer successivement les ministres qui ne l'appelaient pas l'homme d'état par excellence.

Necker fit transformer les états-généraux en assemblée constituante, il hâta, par cette mesure inconstitutionnelle, la chûte du trône.

M. de Cazes a provoqué l'ordonnance du 5 septembre, il a fait marcher, dès ce moment, l'agitation dans la France, éveillé les révolutionnaires et proscrit les fidèles serviteurs du Roi.

Necker fit des articles de journaux contre les hommes vertueux, et il empêcha, un jour, le parquet du Roi, de poursuivre Carra, à qui il avait adressé une diatribe virulente, contre le clergé, les aristocrates, etc., etc.

M. de Cazes a pris à sa solde les écrivains les plus fervens du libéralisme, les vétérans et les imberbes de la révolution; il leur a envoyé, soit par lui-même, soit par M. Mirbel, des morceaux littéraires, pleins de fiel contre les institutions les plus convenables à l'esprit français, contre les fidèles serviteurs du Roi.

On se rappelle de l'arrestation de MM. Comte et Dunoyer, auteurs du *Censeur*, et du scandale auquel donnèrent lieu les poursuites d'office, faites contre divers passages de l'un de leurs volumes.

MM. Comte et Dunoyer firent imprimer des conclusions, motivées devant la Cour royale, saisie de l'appel d'un jugement qui les condamnait en six mois de prison.

M. de Cazes fut instruit que M. Renaudière, imprimeur, devait livrer, tel jour, les conclusions aux parties; il les fit saisir par un commissaire de police, et s'entendit très-bien avec les auteurs, pour qu'elles ne fussent pas lues à l'audience.

Cet inconcevable monument prouve à la fois, la perfidie du ministre corrupteur, et la bassesse des écrivains, qui de leur aveu, lui ont vendu leur indépendance. Le voici : (1)

» Les appelans concluent à ce qu'il plaise à la Cour leur adjuger les conclusions prises à l'audience du 26 septembre dernier, sur les moyens préjudiciels, tendant à écarter l'action dirigée contre eux par le ministère public.

» Subsidiairement, et dans le cas seulement où la Cour croirait ne pas devoir s'arrêter aux moyens précédemment exposés ;

» Attendu que pour apprécier l'action dirigée contre les auteurs du *Censeur Européen*, la Cour doit connaître la bonne foi des accusateurs et des accusés ; que dans la dernière audience ces derniers ayant soutenu qu'ils n'avaient pas pu, et ne pouvaient pas encore se défendre sur divers chefs pour lesquels ils avaient été condamnés, et en ayant exposé les motifs, le ministère public les a accusés

____

(1) Ces conclusions sont le récit fidèle et authentique de cette négociation ténébreuse dans laquelle on voit un ministre ostensiblement corrupteur, et de *fiers* libéraux prostituer lâchement leur energique indépendance; ainsi flétris, ils osent se dire les défenseurs des droits du peuple, les régulateurs de l'opinion !.....!....!

On sait que MM. Comte et Dunoyer sont sortis de prison avant l'expiration des trois mois qui devaient courir du jour du prononcé de l'arrêt qui a confirmé en partie le jugement dont ils avaient appellé.

de malignité et de mauvaise foi, et a prétendu qu'en première instance, le substitut de M. le procureur du Roi n'avait point invité les prévenus et leurs défenseurs, à ne pas appeler l'attention du tribunal sur plusieurs parties de la prévention, dont il s'abstiendrait lui-même de parler.

» Attendu qu'il importe aux Appelans d'écarter de leur défense tout ce qui pourrait lui donner une apparence de subtilité ou de mauvaise foi; que pour cela il est nécessaire d'expliquer les motifs pour lesquels ils ont demandé constamment que le ministère public indiquât autrement les passages de leur volume qui donnaient lieu à l'accusation; (1) que si l'explication qu'ils vont donner à la Cour, *est blessante pour quelques personnes revêtues de fonctions publiques*, on ne doit l'attribuer qu'à ceux qui la rendent nécessaire : que les appelans ont fait tout ce qu'ils ont pu pour s'en dispenser, mais que leurs efforts ayant été rendus inutiles par la persévérance qu'on a mise à les amener à la discussion du fond, et à laisser dans le vague les passages qui ont donné lieu à l'accusation et à la condamnation, ils doivent à la

---

(1) Les sieurs Comte et Dunoyer avaient raison de demander que le ministère public indiquât les passages du volume qu'il entendait poursuivre comme séditieux, parce qu'alors ils auraient appelé en cause MM. de Cazes et Mirbel, comme en étant les auteurs.

C'est une grande faiblesse, de la part des sieurs Comte et Dunoyer, de ne pas avoir dénoncé à la justice, MM. de Cazes et Mirbel, comme rédacteurs des articles qui leur étaient imputés à crime, dès l'instant

justice, au public, à eux-mêmes, d'attaquer, par tous les moyens légitimes, une condamnation qui ne blesse pas moins la morale publique, qu'elle n'offense les lois. Qu'au reste, en exposant des faits *qui, jusqu'ici, sont restés inconnus, et qu'ils auraient bien voulu ne pas mettre au grand jour*, les appelans auront soin de n'en affirmer aucun qui ne puisse être prouvé, ou par témoin, ou même *par écrit*.

» Attendu qu'avant de commencer l'impression du premier volume du Censeur Européen, les auteurs ayant voulu obtenir justice sur deux écrits qui avaient été saisis immédiatement après la deuxième restauration, il leur fut proposé, à cette occasion, d'écrire dans le *sens de la politique du ministre de la police;* qu'ils répondirent à cette proposition, que n'ayant jamais écrit que dans l'intérêt public, ils ne quitteraient pas la route qu'ils avaient toujours suivie : que s'ils y rencontraient le ministère, ils en seraient bien aises, et que dans ce cas ils marcheraient avec lui ;

» Attendu que n'ayant pas voulu faire d'autres promesses, on leur fit demander, pour être remise au ministre, une *déclaration* des principes qu'ils prétendaient suivre, *déclaration qui fut en effet remise*, et qui était conforme en tout aux principes qui ont été développés dans le Censeur Européen; que leur

---

qu'ils se sont aperçus, ou de la lâcheté, ou de la perfidie de ces deux hommes, qui ne se sont soutenus, dans l'exercice de la puissance, qu'à force d'intrigues, de souplesse et d'adresse.

ayant fait observer que le ministre était opposé aux vexations commises dans les départemens par les agents du gouvernement, et aux excès que se permettaient les missionnaires dans quelques provinces, on leur proposa d'insérer dans leur ouvrage, les *notes qui leur seraient remises à cet égard par le ministère;* qu'ils acceptèrent cette proposition sans prendre néanmoins aucun engagement, ne voulant pas s'en remettre à d'autres qu'à eux-mêmes de ce qui serait, ou ne serait pas utile au public; (1)

» Attendu qu'en conséquence de cette pro-

____

(1) Les sieurs Comte et Dunoyer, auraient dû donner copie de la déclaration de principes, remise aux mains de M. de Cazes, et l'on aurait vu qu'ils s'obligeaient de se courber sous la verge d'un tyran qui permet d'offenser le Roi, d'avilir le peuple, mais qui ordonne de l'encenser, lui misérable jongleur, comme l'idôle du jour.

Quoi qu'il en soit, leur déclaration a eu son exécution puisque, d'abord, on leur a rendu les deux premiers numéros qui avaient été saisis; et qu'ensuite, de leur propre aveu, ils ont reçu et imprimé des notes qui leur ont été remises, par ordre du ministre. Quelles étaient ces notes? Ils les marquent au doigt; ce sont celles qui furent insérées, disent-ils, dans le tome II du *Censeur Européen,* depuis la page 345, jusqu'à la page 351. Ces premières notes sont une diatribe véhémente contre le mandement de MM. les vicaires-généraux du chapitre métropolitain de Paris, fulminant les œuvres de Voltaire; puis contre les *miracles* et les *conversions* des missionnaires.

On n'aurait jamais pu croire qu'un ministre du Roi se serait permis tant de saletés et d'impiétés, contre les apôtres de la chrétienté; et qu'il aurait tourné en ridicule la plantation des croix, les prédications et les cérémonies religieuses.

position , il leur fut remis des notes sur les missionnaires , notes qui furent insérées dans le *tome* 2 du *Censeur Européen*, et qui s'y trouvent depuis la page 345 , jusqu'à la page 351 ; qu'il leur fut également remis pour le troisième volume un nombre considérable de pièces sur les actes du gouverneur de la Martinique ; M. de Vaugiraud , (1) mais qu'ils les rejetèrent, comme ne leur paraissant que le produit de l'intrigue ; qu'on leur remit aussi une lettre sur les missionnaires de Bordeaux, et une relation des désordres commis à Lille par les officiers vendéens ; (2) que ces deux pièces se trouvent dans le volume saisi , depuis la page 279, à la page 282 , et depuis la page 301 ; à la page 503 ; qu'à la vérité quelques faits ont été ajoutés à ceux qui avaient été donnés ; mais les additions n'ont aucune importance , comme il sera facile de s'en con-

---

(1) Où donc est maintenant ce nombre considérable de pièces sur les actes du gouverneur de la Martinique , M. de Vaugiraud , homme de bien , Français dévoué à son Roi , à sa patrie. Elles étaient , à ce qu'il paraît , un mélange de poisons ; dont les sieurs Comte et Dunoyer n'ont pas osé même faire la décomposition. Ils les ont renvoyées aux apothicaires qui les avaient préparées.

(2) Cette lettre sur les missionnaires de Bordeaux; cette relation des prétendus désordres commis à Lille par les officiers vendéens ; ces deux pièces, en un mot, consignées dans le troisième volume, depuis la page 279 jusqu'à la page 282, et depuis la page 301 jusqu'à la page 303 , ne sont qu'un tissu de méchancetés et d'horreurs, dont le ministre et son secrétaire-général sont les misérables inventeurs.....

vaincre en comparant ce manuscrit à l'ouvrage imprimé ;

» Attendu qu'au moment où le ministère leur a fait donner les pièces pour être insérées dans le troisième volume, il avait été déjà instruit par les auteurs qu'ils se proposaient d'y insérer, avec une réfutation, le manuscrit venu de Sainte-Hélène ; que leurs intentions, à cet égard, pourraient paraître d'autant moins douteuses, qu'ils les avaient fait connaître au commissaire de police du quartier de la Cité, qui *avait adressé procès-verbal de leur déclaration au secrétaire-général* de la préfecture de police, et au ministre de la police lui-même ;

» Attendu que cinq exemplaires de ce volume ayant été déposés avant la publication, au min.stère de la police, conformément à la loi, le ministre a déféré l'ouvrage au ministère public ainsi que cela résulte des interrogatoires subis devant M. le juge d'instruction ; que par suite de cette dénonciation, le ministère public a requis la saisie de l'ouvrage et du manuscrit; sur lequel le volume avait été imprimé ; que les exemplaires déjà imprimés, et une partie du manuscrit ayant été saisis en effet, les auteurs ont été cités à comparaître devant M. le juge d'instruction, et qu'ils ont été arrêtés à la suite de l'interrogatoire ;

» Attendu que le juge d'instruction a indiqué aux auteurs, comme répréhensibles, non-seulement l'insertion dans leur *volume* du manuscrit venu de Sainte-Hélène, mais encore l'insertion *des pièces qui leur avaient été envoyées du ministère de la police;* que le substitut de

M. le procureur du Roi a présenté à la Chambre du conseil l'insertion de ces pièces comme une action punissable ; enfin, que la Chambre du conseil elle-même a motivé son ordonnance de prévention sur les mêmes passages, qu'ainsi les prévenus ont été mis en jugement pour avoir inséré dans leur ouvrage des écrits qui *leur avaient été envoyés par un des ministres.*

» Attendu que ne pouvant pas se persuader qu'on leur eût tendu un piége, les auteurs du *Censeur Européen* ont annoncé au secrétaire-général du ministre de la police par une lettre du.... juin, que si le ministre ne faisait pas retirer de l'accusation les parties de l'ouvrage qui leur avaient été envoyées de son ministère et en son nom, *ils produiraient le manuscrit qui leur avait été remis,* et sur lequel l'impression avait eu lieu ; que ce manuscrit, que le commissaire de la Banque avait eu ordre de saisir, *lui avait été soustrait,* et qu'ainsi rien ne serait plus facile que de le représenter à la justice.

» Attendu que sur cette lettre le secrétaire-général leur avait fait dire que ce n'était pas le ministre de la police qui les faisait poursuivre, qu'il s'était au contraire opposé de tout son pouvoir à leur arrestation *ultrà-royaliste* ; que si les pièces insérées dans le volume sur les missionnaires et les désordres commis à Lille par des officiers vendéens, étaient produites, cela nuirait beaucoup à la chose publique, parce que dans les circonstances actuelles, *les plus petites choses pourraient amener les plus grands événemens ;*

» Attendu qu'un membre de la Chambre des Pairs leur a fait savoir qu'il était informé que ne faisant point usage des pièces qu'ils avaient entre les mains, le ministère seul intéressé dans les poursuites dirigées contre eux, ne ferait entrer dans l'accusation que la partie du manuscrit venu de Sainte-Hélène, non réimprimée par M. Michaud ; que les conclusions seraient au minimum de la peine de l'emprisonnement, le précédent étant précompté.

» Attendu que par une lettre du 11 juillet, les prévenus ont répondu à cette communication, que l'accusation à laquelle donnerait lieu la réimpression de la partie du manuscrit venu de Sainte-Hélène, non publiée par M. Michaud, ne serait pas mieux fondée qu'une accusation qui porterait sur les autres parties de l'ouvrage ; qu'on n'ignorait pas que ce manuscrit, déjà fort répandu dans Paris, se vendait chez plussieurs libraires, sans que la police y mit aucun obstacle ; *qu'avant de le livrer à l'impression*, les prévenus en avaient averti le ministre et qu'il n'avait rien fait pour s'y opposer ; que depuis le commencement des poursuites, le volume dans lequel se trouvait le manuscrit, avait été contrefait ; qu'il se vendait publiquement, et que cependant le contrefacteur n'était pas recherché, quoique la contrefaçon eût été dénoncée au ministère public.

» Attendu que sur ces observations, et quelques jours avant le jugement, M. le procureur du Roi a fait dire aux prévenus qu'ils seraient accusés non seulement sur un des passages du

manuscrit venu de Sainte-Hélène, non réim-
primé par M. Michaud, ainsi qu'on l'avait
promis, mais encore sur un passage de l'article relatif aux finances, et que du reste il
ne serait fait mention d'aucune autre partie du
volume ; qu'à l'audience du 5 août le ministère public a annoncé aux prévenus et à leurs
défenseurs, qu'il réduisait l'accusation à deux
chefs, de six où elle avait été portée par la
chambre du conseil ; qu'il a invité en même
temps les uns et les autres à s'abstenir de parler des autres parties du volume, et qu'il a
déclaré qu'il ne prendrait pas de conclusions
formelles contre eux.

» Attendu que les prévenus et leurs défenseurs,
toujours persuadés qu'on agissait de bonne
foi à leur égard, se sont renfermés dans les li-
mites qui leur étaient tracées, et ont rempli
fidèlement la promesse de ne se défendre que
sur la partie de leur ouvrage qu'on ferait entrer dans l'accusation, quoiqu'ils eussent déjà
de puissans motifs de croire qu'on *leur avait
tendu un piége*, en leur donnant les pièces
relatives aux affaires de Lille, ou aux missionnaires ; et qu'on leur en *tendait un autre* en
les engageant à *restreindre leur défense ;* que
ç'a été cette crainte d'être enlacés dans les
piéges de la police, qui a fait dire à l'un d'eux
à l'audience du 12 août, qu'ils avaient les plus
fortes raisons de penser que le ministère public s'abstiendrait de faire entrer dans le cercle de l'accusation, la partie du volume rela-
tive à la loi sur les finances, faisant allusion
aux assurances données, par l'intermédiaire
d'un pair de France, que l'accusation serait

restreinte à un seul passage du manuscrit de Sainte-Hélène ;

» Attendu que, quoique l'accusation eût dû être restreinte à un seul passage du manuscrit venu de Sainte-Hélène ; quoique le ministère public l'eût restreinte à deux ; le tribunal, après avoir déclaré aux prévenus qu'ils n'avaient qu'à se défendre sur les passages qui seraient indiqués par le ministère public, les a néanmoins déclarés convaincus, non-seulement de tous les délits mentionnés dans l'ordonnance de prévention, mais encore de délits dont le juge d'instruction, ni la chambre du conseil, ni le ministère public n'avaient jamais parlé, et sur lesquels, par conséquent, les prévenus n'avaient pu se défendre : que le tribunal, en les déclarant coupables des délits portés par l'ordonnance de prévention, et en se fondant sur les diverses parties du volume, sans les indiquer, s'en est référé à l'ordonnance de la chambre du conseil, qui a fait entrer dans le cercle de l'accusation, les pièces communiquées par le ministère de la police

» Attendu que les appelans ne peuvent voir dans les poursuites qui ont été dirigées contr'eux, et dans la condamnation qui en a été la suite, *que le résultat des piéges et des intrigues de la police ;* qu'on voit en effet qu'après *leur avoir fait* insérer dans leur ouvrage des pièces qui pourraient irriter le parti dit *ultra-royaliste,* le ministre les a dénoncés aux tribunaux, et qu'ils ont été mis en jugement pour avoir inséré ces pièces dans leur ouvrage ; que dans les premiers momens de la procéduré, le ministère public a voulu leur faire appliquer la disposition de l'article 1er de la loi du 9 novembre 1815, qui *prononce la peine de la déportation*, ainsi que cela résulte de son réquisitoire ; que le juge d'instruction auquel ce réquisitoire a été adressé, a considéré les pièces relatives aux troubles de Lille, comme ayant pour objet d'armer les citoyens les uns contre les autres, ou de les exciter à la guerre civile ; que le ministère public s'est également fondé sur ces pièces pour demander leur mise en accusation, et que la chambre du conseil les a également prises en considération pour les renvoyer en police correctionnelle ; que *lorsque les prévenus ont fait savoir au ministre de la police*, par l'intermédiaire du sécrétaire général, que les pièces qu'on leur avait données, n'avaient été ni détruites ni saisies par le commissaire de police, et qu'ils pourraient les représenter, on leur avait assuré que l'accusation ne porterait que sur la partie du manuscrit venu de Ste-Hélène, non réimprimée, par M. Michaud.

» Attendu que sur les observations que ce passage ne pouvait pas donner lieu à une condamnation, on avait étendu l'accusation à un passage de l'article sur la loi des finances ; qu'à la première audience, le ministère public, après avoir annoncé qu'il bornait l'accusation à deux passages, après avoir invité les prévenus et leur défenseur à ne point entrer dans la discussion des autres, avait cependant rapcouru une grande partie du volume, toujours en disant qu'il se renfermait dans sa promesse ; qu'il s'était d'abord abstenu de prendre aucune conclusion sur l'application de la peine pour laisser au tribunal plus de latitude, et qu'il avait fini à la dernière audience par recommander la fermeté aux juges ; enfin lorsque la condamnation a été prononcée, et à l'audience de la Cour, le ministère public a soutenu que si en première instance le substitut de M. le procureur du Roi avait invité les prévenus et leur défenseur à ne se pas défendre sur les chefs d'accusation dont il ne parlait pas lui-même, c'était uniquement pour qu'ils n'abusassent pas des momens du tribunal.

» Attendu que devant les premiers juges, les prévenus ayant établi en principe, qu'en parportant, en les désapprouvant, des discours qui dans la bouche de ceux qui les avaient tenus, avaient pu être injurieux, calomnieux, ou séditieux, ce n'était pas se rendre coupable soi-même de calomnie, ou de sédition ; ayant cité à l'appui de leur raisonnement une multitude d'exemples qui les justifiaient, notamment la réimpression du manuscrit venu de Sainte-Hélène par M. Michaud ; la réimpression des décrets et des proclamations à l'aide desquels le gouvernement a été renversé en 1815, par l'auteur de l'itinéraire de Buonaparte de l'île d'Elbe à l'île Sainte-Hélène ; la réimpression des discours tenus en faveur de Buonaparte et de son fils ; ou contre la famille royale, dans les chambres de 1815, par l'auteur de l'histoire des chambres de Buonaparte et une foule d'autres ; le tribunal, pour repousser l'autorité tirée de ces exemples, n'a rien trouvé à répondre, si ce n'est, que le mal qui existe dans un ouvrage non poursuivi, ne

peut servir d'excuse au mal d'un ouvrage dé=
féré à la justice ; qu'il résulte de là que le ministre de la police autorise chez d'autres les
faits pour lesquels il a dénoncé les appelans
aux Tribunaux , ce qui prouverait jusqu'à l'évi-
dence, que l'action dirigée contr'eux , n'est
qu'une persécution personnelle , si cela n'était
pas prouvé d'ailleurs par toutes les pièces de
la procédure ; qu'on peut d'autant moins en
douter, que le volume pour lequel il sont poursuivis, ayant été contrefait , et la contrefaçon
ayant été dénoncée au ministère public, aucune poursuite n'a été dirigée contre le contrefacteur quoiqu'il fasse vendre l'ouvrage presqu'ostensiblement, et que la notoriété publique le désigne à l'autorité ; que les appelans
ayant appris par le chef de la direction de la
librairie au ministère de la police et par d'autres personnes , qu'il avait été saisi plusieurs
exemplaires de la contrefaçon , ont demandé
que les pièces relatives à cette procédure leur
fussent communiquées, mais que les procès-ver-
baux de saisie ne s'y sont pas trouvés ;

» Attendu que le tribunal les a condamnés
non-seulement pour des faits qui avaient été
abandonnés , mais encore pour de prétendus
délits dont il n'avait jamais été question dans
la procédure, et sur lesquels , par conséquent
ils n'ont pu se défendre ; qu'ils ont été condamnés en effet pour avoir provoqué les citoyens à désobéir à la Charte et au Roi , quoique dans l'ordonannce de prévention , ni dans
les réquisitions du ministère public, ni dans
aucun acte du procès , il n'eût pas été dit un
seul mot de ce prétendu délit ; que le tribunal

n'a rien cité pour justifier l'accusation et la condamnation qu'il a portées contre les prévenus à cet égard ; que d'ailleurs toutes les formes protectrices de la liberté des citoyens et de la liberté de la presse ont été violées ;

» Adjuger aux appelans les conclusions qu'ils ont précédemment prises sur les moyens préjudiciels qu'ils ont exposés ;

» Subsidiairement leur donner acte du dépôt qu'ils font des pièces *qui leur ont été remises de la part du Ministère pour être insérées dans leur troisième volume, par M. Mirbel, aujourd'hui secrétaire-général de la police, écrites en partie de sa main, et signées et paraphées par les appelans ;* leur donner acte de la déclaration des faits précédemment exposés, et dans le cas où ils seraient contestés par le ministère public, les admettre à en faire la preuve.

» Et dans le cas où ces faits ne seraient pas contestés, annuller toute la procédure comme *n'étant que le résultat des machinations de la police ;* et vu que l'accusation a été évidemment de mauvaise foi, et qu'on n'a cessé de leur tendre des piéges pour obtenir une condamnation contr'eux, leur donner acte de la déclaration qu'il font de n'avoir point à se défendre contre de pareilles manœuvres. »

Voilà des faits que les rédacteurs de la Bibliothèque historique ont omis de consigner dans les archives dédiées à l'indépendance des écrivains leurs amis.

Poursuivons la série des rapprochemens.

Necker a commencé la ruine du clergé et le triomphe de l'athéisme.

M. de Cazes a commencé par souffrir que l'on criât, ju ques dans les colléges électoraux *à bas le clergé,* a payé les premiers pamphlets contre les missionnaires, s'est opposé à la ratification du concordat-Blacas.

Il est parti comme Necker, après avoir poignardé les enfans de la royauté.

Necker fut hué, conspué, le long de la route de Paris à Bruxelles.

M. de Cazes a entendu des murmures, des huées, des siflets, et s'est vu contraint de changer son nom en celui de Montmorency, pour faire taire l'indignation publique, en passant par Versailles, Chartres, Vendôme et autres lieux.

Il a fait plus que Necker ! des conspirations sottement conçues, des informations méchamment dirigées, ne feront jamais oublier la fin des Pleignier, l'execution d'un enfant de quinze ans et demie !

La conjuration du bord de l'eau n'a été qu'une conception stupidement atroce. La vengeance l'a crée, la perfidie l'a soutenue.

Qui donc ignore les manœuvres mises en usage, dans ce pays où la fidélité a gravé son nom sur les tombeaux de tant de braves, pour soulever une partie des vendéens qui ont triomphé, même de la mort, et les intéresser au sort des généraux arrêtés sur la terrasse des Tuileries, comme prévenus de conspiration contre le Roi.

Les procès de Legall et de Leguevel, ont indiqué le nom du machinateur en chef.

Celui de Billard, arrêté dans la Mayenne comme prévenu d'avoir proposé, le 10 août

1818, à Michel-Le-Roi, de marcher avec lui, en armes, pour délivrer un prisonnier qu'il ne nommait pas (le maréchal de camp Chappedelaine), et d'avoir persuadé qu'il y avait un *prince*, caché dans sa chaumière, dont il était l'agent, le confident; n'a-t-il pas fait planer aussi le soupçon d'une intrigue infernale sur le même machinateur?

Que d'efforts n'ont pas été faits pour attacher à ces complots de pure invention, le nom d'un prince, aussi sage que Caton.

Pourquoi M. Dallonville, ex-préfet de Rennes, n'a-t-il pas répondu au fait, articulé dans la brochure ayant pour titre: *Projet d'acte d'accusation contre M. de Cazes?*

» A-t-il reçu une lettre de M. de Cazes, le 4 octobre 1816, qui lui enjoignait de recueillir les élémens d'une prétendue conjuration formée par un prince?...»

Si M. Dallonville garde plus long-temps le silence, sur l'allégation d'un fait aussi positif, ou si la lettre écrite par M. Dallonville à M. de Cazes, et copiée par son secrétaire, ne se trouve plus; si la réponse de M. de Cazes, minutée par M. Linguay, employé dans son cabinet particulier, est égarée, il y a lieu de croire qu'une commission d'enquête sera formée, après le développement de la proposition de l'honorable député M. Clauzel de Coussergues et ces faits seront alors établis dans tous leurs détails.

Que celui qui a machiné tant de conspirations, qui a multiplié tant d'intrigues, qui a mis le trouble dans la France, nous cite un seul complot réel, dont il a découvert les trames ?

Ce ministre qui a eu la précaution d'envoyer à M. Colomb, avocat-général, un passeport pour Marinet, accusé d'avoir coopéré à l'assassinat du duc de Wellington, avant son acquittement, n'a pas eu la sagesse d'assurer la vie du général des troupes alliées, dans Paris, contre ses assassins. Il n'a pas trouvé depuis deux ans les individus qui ont attenté à ses jours !

Ce ministre qui ne sortait qu'escorté de gendarmes, n'a point employé ses nombreux agens, à préserver d'un assassnati, un prince qui ne se rendait aux spectacles que deux à trois fois la semaine.

Ce ministre avait appris le 12, que le buste du Roi avait reçu le plus sanglant outrage dans l'un des faubourgs ; il a appelé ce fait honteux une facétie des jours gras !

Le public a dit qu'un pair de France lui avait communiqué, le 10 février, des lettres anonymes, portant que Monseigneur le duc de Berry devait être assassiné sous peu de jours. Il savait que le prince devait aller, le 13, à l'opéra. Il n'a pris aucunes mesures pour le garantir du coup mortel.

Nous n'entendions pas prétendre qu'un ministre doit savoir lire dans la pensée de l'homme ; mais nous professons que, quand un ministre est instruit d'un projet d'assassinat, il doit surveiller les jours du prince désigné au poignard.

L'avertissement suppose un complot communiqué. Un ministre qui est informé d'un projet aussi horrible, et qui a la garde de la famille royale, doit croire à sa réalité ; et tandis que par des moyens adroits, il recherche les coupables, il ne doit pas perdre de vue la victime; il doit la suivre lui-même dans les lieux où elle se présente, pour faire de son corps, un bouclier contre l'assassin.

M. de Cazes est resté tranquille au milieu de ses courtisans, pendant que les conjurés agissaient; il n'a pas fait observer et garder les avenues de l'opéra. Il n'a communiqué ni à la police militaire, ni au prince, ni aux personnes de sa maison, les renseignemens qui lui étaient parvenus.

La déclaration de ce Tempeta, arrêté, annonçant qu'il y aurait, sous deux mois, une Saint-Barthélemy d'émigrés; l'arrivée de 7800 bandits, dans Paris, par lettres de convocation ;

Le départ de Mina, ce rustique paysan, qui recevait 6000 francs de pension, comme réfugié espagnol, qui depuis deux mois entretenait une correspondance suivie avec les insurgés d'Espagne, qui a vu M. de Cazes, à l'hôtel de la police, deux jours avant sa sortie de Paris, et qui a, dit-on, reçu 200,000 francs dans Paris, en janvier dernier, de *on ne sait qui* ;

Le départ de plus de 7000 Espagnols réfugiés en France, pour se joindre aux insurgés;

L'annonce faite, par quelques journaux, qu'au moment de la présentation de la nouvelle loi des élections, il y aurait, un deuil général, en France ;

L'organisation des clubs, dont les pétitions pour le rappel des régicides, n'étaient que de commande :

La tolérance du comité-directeur, dont le ministre connaissait les statuts, les ramifications.

Le mauvais esprit du Journal des *Maires*, rédigé par MM. de Cazes et Mirbel.

La correspondance privée, faite par les sieurs Rozan, Linguay, etc. dans le cabinet secret du ministre de la police ;

Le voyage d'un agent supérieur de police, envoyé à Lyon, passant dans le pays de Vaud, et arrêté par les magistrats de Berne, avec un certain *Passe-port*.

Les opinions émises par quelques rédacteurs du *Nain-Jaune*, sur les *erreurs* des régicides, et sur la *juste* condamnation de Louis XVI ;

Les diatribes journalières contre les hommes d'une religion pure envers Dieu, d'une fidélité constante envers le Roi, et que l'on ne cessait de refouler dans l'étranger, avec l'escorte des décrets de proscription et de mort, comme n'étant pas français.

Les menaces exprimées dans plusieurs pétitions, par ces mots *malheur* à qui s'oppose aux progrès du siècle, et à l'organisation des libertés publiques,

La tolérance des caricatures qui rappelaient de tristes souvenirs ;

Les cris de *ça ira*, le chant de la Marseillaise, dans les rues pendant la nuit ;

Les nouvelles apportées d'au-delà du Rhin,

et donnant le plan d'un assassinat contre le Roi et sa famille ;

Les propos de ce français, tenus le 29 janvier, dans un lieu public à Londres, annonçant que le duc de Berry devait être tué ou serait tué dans peu de temps.

Bien d'autres faits, bien d'autres circonstances n'étaient-ils pas suffisans pour faire présumer qu'il existait une conjuration flagrante.

N'était-ce pas le moment de réformer la police de Bonaparte, et de confier la surveillance du Roi et des Princes aux personnes qui leur étaient attachées ?

Qu'a fait le ministre de Cazes ? Il a destitué tant à Paris que dans les départemens, des royalistes, nommés commissaires de police, pour les remplacer ; par qui ? En partie par des ennemis de la légitimité. Témoin Lacombe, attaché à ses bureaux, qu'il a envoyé à Troyes, et chez lequel on a trouvé des aigles et des lys renversés.

Il a jeté dans des prisons, des royalistes fidèles qui avaient encore assez de confiance en lui, pour révéler les complots contre la famille royale.

Il a réduit à 10 les 48 officiers attachés à la police militaire de Paris ?

Il a gardé la police du château.

Il a espionné les royalistes, dans les maisons, dans les rues, dans les cafés.

Il a suivi la marche et pris les hommes du ministre Savary, accoutumés à poursuivre les serviteurs du Roi légitime , dans l'intérêt de Bonaparte.

.. Il n'est plus sur les marches du trône.... Et des Français *rassurés* ne craignent plus que Louis XVIII soit amené, comme prisonnier, au milieu des députés montagnards , *un dix août* , que les armées alliées n'entrent dans la Champagne, pour le soustraire à la mort, qu'un nouveau Danton ne lasse une horrible proclamation pour faire reculer d'effroi un autre duc de Brunswick.

Le voilà donc connu ce secret plein d'horreur! Nous voilà arrivés au dernier acte de la sanglante tragédie qui commença il y a 30 ans, et l'assassinat d'un fils de France , dont le titre a déjà été si fatal à Louis XVI , l'ouvre d'une manière bien épouvantable. C'est envain que des écrivains courageux et dévoués déroulaient chaque jour la tactique révolutionnaire, et ses tables de proscription, et ses provocations incendiaires contre l'autel et le trône , et ses diatribes virulentes contre les appuis naturels de la légitimité, et ses journaux , et ses pamphlets , et sa litographie. Un seul homme constamment dirigé par l'irritation de la vanité blessée a comprimé ces généreux écrits , ces importantes révélations , il a eu l'art infernal de transformer les vertus en crimes, les crimes en vertu. Par sa sinistre influence on a vu, sous la légitimité, les royalistes persécutés , éliminés, salomniés , désignés aux fureurs populaires , jetés dans les cachots comme sous Robespierre , et le trône démantelé livré aux attaques des libéraux dont les doctrines dévastatrices l'avaient déjà renversé deux fois ; et tandis que ce nouveau Dubois, ce coupable favori de la fortune, précipitait vers de nouvelles tempêtes son bienfaiteur et sa patrie, sa sotte présomption lui faisait croire, à ce misérable instrument des libéraux, qu'il était une puissance!... Enfin il est tombé sous le poids de ses crimes.... Vainement de nouveaux honneurs sont-ils venus adoucir l'amertume d'une trop tardive chûte; ce grand coupable en attendant le jour de la justice a recueilli dans sa fuite d'irrécusables preuves de l'exécration universelle, et le moment n'est pas loin peut-être où ce monstre si fatal à sa patrie, sans asile dans l'Europe irritée, sera obbligé de mettre l'Océan entre lui et les lois vengeresses qui le menacent dans l'ancien théâtre de ses innombrables prévarications.

Qu'on me pardonne cette explosion d'une trop légitime douleur, mais le sang d'un Prince fume encore, mais le ministre chargé de sa conservation n'a pas veillé sur cette tête auguste, mais il l'a laissé égorger et avec lui sa descendance, mais ce crime n'est peut-être que le prélude de beaucoup d'autres; et le cercueil de la victime est devenu pour cet homme si horriblement négligent ou coupable un marche-pied pour s'élever à de nouvelles dignités!.. Je lui dois toute ma haine, elle le poursuivra jusqu'à l'échafaud... On a trop souvent vu de vils courtisans devenir accusateurs de l'idole renversée, et joindre ainsi la lâcheté à l'ingratitude; pour moi qui n'ai jamais été flétri par ses faveurs; je n'ai pas attendu sa chûte pour le signaler à ma patrie, à mon Roi abusé, j'ai constamment dévoilé sa perfidie et ses forfaits, je l'ai attaqué dans sa toute puissance........ Ah si mon honorable énergie avait été imitée!....... Pourquoi faut-il que mon dernier manifeste n'ait pas eu l'heureuse influence que j'en avais espéré ?... Je n'ai jamais désiré la célébrité, mais j'ai vivement regretté de n'avoir pu donner à mon dernier écrit la tutélaire autorité d'un grand nom, pour appeler et fixer l'attention publique..... Hélas ! nous n'aurions peut-être pas à déplorer la perte d'un Prince dont la douloureuse agonie a été une magnifique vie ; nous n'aurions pas à gémir sur la terrible catastrophe qui a précipité dans la tombe, QUI SE R'OUVRIRA PEUT-ÊTRE BIENTÔT, le dernier rejettou d'Henri IV.

Français, pairs, députés, et vous trop confiant Monarque, la patrie est sur un volcan ; le cratère va s'ouvrir, la détonation est prête à éclater. Vous le voyez, l'imprudente audace des éternels ennemis de l'ordre les a démasqués, vous le voyez; les mêmes doctrines qui ont renversé le trône, et le Monarque qui l'honorait par les plus éminentes vertus, qui ont couvert la France de bastilles et d'échaffauds, qui ont produit le double fléau de la guerre civile et étrangère sont audacieusement proclamées ; aujourd'hui comme en 1789 et 1793 on sonne le tocsin contre les nobles et les prêtres ; aujourd'hui comme en 1789 et 1793 on veut les réduire à l'humiliante condition des ilotes, en attendant d'en purger le sol de la patrie, d'après le fameux axióme d'un de leurs coryphées, *il n'y a que les morts qui ne reviennent pas* ; aujourd'hui comme en 1789 et 1793 la légitimité est une usurpation, ils l'attaquent de front par les écrits et les poignards en détail, il leur faut un Roi amovible ou mieux encore un congrès qui favorise les ambitions; aujourd'hui comme en 1789

et 1793 ils se déclarent les alliés de tous les
ennemis des Rois, dans les deux hémisphères;
aujourd'hui comme en 1789 et 1793 ils menacent de leur propagande et de leurs sicaires les
Monarques contre lesquels on avait proposé une
légion de tyrannicides; aujourd'hui comme en
1789 et 1793 ils veulent incendier l'Europe
pour exploiter plus sûrement leur patrie d'après
l'horrible maxime de Brissot : « mettons le feu aux
quatre coins de l'Europe notre salut est là; » et
s'il fallait encore ajouter à ces menaçans symp-
tômes, voyez la discussion ouverte à la chambre
des députés, voyez combien est sèche l'hypo-
crite douleur des libéraux sur l'horrible catastrophe ; voyez avec quelle astuce ils cherchent à
en détourner l'attention publique par leurs fein-
tes alarmes pour la Charte qu'ils n'embrassent
que pour l'étouffer; voyez avec quelle assurance
ils préjugent l'instruction de la procédure contre l'assassin dont leurs doctrines et un ministre
subjugué ont armé le bras, en affirmant déjà qu'il
n'a pas de complices. Entendez-vous les vocifé-
rations du côté gauche : l'un vous dit nettement
qu'il n'est pas venu pour défendre le Roi,
l'autre provoque au plus saint des devoirs, en déclarant que *lorsque les droits du peuple sont
violés, le peuple doit se sauver par son énergie.* Encore quelques jours et leurs horribles
vœux seront réalisés, et la patrie sera déchirée
par de nouvelles convulsions... Au milieu de ces
orageuses discussions, que font ces malheureux
royalistes si long-temps persécutés comme ennemis du trône? Dans le grand intérêt de sa
conservation, ils se résignent douloureusement
à des lois d'exception, ils font abnégation de

cette sévérité constitutionnelle qu'ils opposè-
rent jadis, mais dans des circonstances différentes, à ces mêmes lois dont seuls ils ont
été victimes, ils consentent à tout pourvu
qu'ils élèvent une forte barriere entre le trône
et ses ennemis. Cette héroïque résignation,
qui sera sans doute admirée de l'Europe entière, détruira les calomnies dont ils ont été
abreuvés, démontrera la pureté de leurs sen-
timens, et leur fera reconquérir l'honorable
confiance dont la plus horrible perfidie les
avait dépouillés.

Rome, dans les temps d'orages, voilait la sta-
tue de la liberté le danger passé, elle était découverte et paraissait plus resplendissante après
une courte éclipse; la nation, aujourd'hui la
plus jalouse de sa liberté l'Angleterre sait
aussi, lorsque des circonstances impérieuses
l'exigent, suspendre *l'habeas corpus*, et ce violent remède, sauvegarde des bons, effroi des
factieux, après avoir consolidé dans sa rapide
action les libertés nationales, disparaît avec
la crise qui l'a fait naître.

Imitons l'exemple de ces peuples idolâtres
de leurs droits. Attendrons-nous que le trône
soit renversé dans des torrens de sang? attendrons-nous de nouvelles empêtes? attendrons-
nous de nouveaux holocaustes, des victimes
plus augustes? et n'est-ce pas assez de celle
qui descend aujourd'hui dans la tombe...?....

*Par l'éditeur du projet d'acte d'accusation
contre M. Villele de Caze.*

Extrait d'un Article du *Journal des Débats*, du dimanche 2 janvier 1820, relatif à l'ouvrage intitulé : *Les Missionnaires de 93*, par l'Auteur du *Génie de la Révolution*, de l'*Itinéraire de Buonaparte à l'Ile d'Elbe*, etc. etc. etc.

Il ne faut désespérer de rien : à voir l'acharnement des libéraux contre les Missionnaires, et leurs fureurs contre les Missions, on n'auroit jamais cru pouvoir trouver des Missionnaires de leurs amis et des Missions de leur goût. Un écrivain à qui nous devions déjà plusieurs utiles ouvrages, et à qui nous en devons actuellement un de plus, l'a entrepris et y aura certainement réussi. Il leur présente le tableau des prodigieux travaux de leurs pères dans la foi libérale, des premiers fondateurs et des apôtres de cette religion dont quelques uns furent même les martyrs, des *Missionnaires* enfin de 93 (1). Mais il paroît que ces messieurs veulent jouir en secret des pages délicieuses qui leur rappellent de si beaux et de si doux souvenirs : ils n'annoncent point cet ouvrage, ils n'en parlent point dans leurs feuilles. Nous allons en parler pour eux.

Tout le monde comprend d'abord ce que c'est que les Missionnaires de 93 : on sait que ce sont ces bons montagnards, ces aimables régicides qui, comme le dit très bien l'auteur de cet ouvrage, « ayant appris en versant le sang de leur Roi à ne pas ménager celui de son peuple, » le répandirent à longs flots sur tous les points du royaume, semblèrent cependant ne pouvoir jamais s'en assouvir ni en répandre assez à leur gré, et accompagnèrent ces innombrables assassinats de tant d'effroyables circonstances, de tant d'infâmes discours, de tant d'affreux accessoires, que le sang même des victimes qu'ils ont immolées par milliers, n'est peut-être pas ce qui fait le plus d'horreur dans leur conduite, et que les meurtres même ne paroissent pas leurs plus grands crimes. Telles sont les douces *Missions* qu'ils remplissent; ils les appellent ainsi eux-mêmes; ils parlent même quelquefois de leur *apostolat* et de leurs *prônes civiques* dans leur épouvantable correspondance, document irrécusable où l'auteur a puisé les trois quarts de son livre, jugeant sans doute et avec raison que la postérité ne pourroit croire tant et de si nombreuses atrocités que sur la foi même des coupables. On peut se faire une idée abrégée et parfaite des douceurs de ces *Missions*, des fruits heureux de cet *apostolat*, et des grâces accoutumées de cette correspondance, par cet échantillon d'une lettre d'un de ces régicides félicitant un département du bonheur qu'il aura d'avoir incessemment un de ces *Missionnaires* de choix, un régicide comme lui. Nous supprimerons seulement les expressions trop cyniques : c'étoit l'atticisme du temps, et nous ne pensons pas qu'il soit même nécessaire de les offrir par des initiales aux yeux et à l'imagination des lecteurs. La lettre peut se passer de ces agrémens; elle sera encore assez bonne sans cela : « Vigoureux sans-culottes ! écrivoit le conventionnel Piorry aux

---

(1) *Les Missionnaires de 93*, par l'auteur du *Génie de la Révolution considéré dans l'éducation*. Un vol. in-8°. Prix : 6 fr., et 7 fr. 75 c. par la poste.

Chez le Normant, rue de Seine, n° 8; Rey et Gravier, quai des Augustins; et chez N. Pichard, quai de Conti, n° 5.

» jacobins ou libéraux de Poitiers, *je vous ai obtenu* (quel
» signalé service !) le patriote Ingrand pour aller dans vos murs.
» Songez qu'avec ce bon montagnard vous pouvez tout faire, tout
» briser, tout renverser, tout incendier, tout renfermer, tout
» déporter, tout guillotiner, tout régénérer; ne lui laissez pas
» un moment de repos. »

Voilà qui est assurément très énergique et très substantiel; on
peut voir dans ce peu de lignes le code des Missionnaires de 93,
et l'histoire abrégée de leurs missions. Tous ont *régénéré* en bri-
sant, renversant, incendiant, déportant et guillotinant, suivant les
instructions du citoyen Piorry, parfaitement suivies par le citoyen
Ingrand, et par trois cents autres *patriotes* de cette force, se re-
nouvelant avec une prodigieuse activité, et se succédant sans re-
lâche pour inonder la France de sang et de ruines; se livrant sur
tous les lieux de leur passage à tant d'atroces fureurs, commettant
tant de crimes odieux, qu'ils sembloient ne rien laisser à faire en
ce genre à leurs successeurs, dont le génie inventif trouvoit cependant encore les moyens de commettre de nouveaux crimes, de se
souiller de nouvelles horreurs; faisant monter sur l'échafaud des
vieillards de quatre-vingt-douze ans, périr sous le plomb meurtrier des enfans de dix à douze ans, infectant les flots de la Loire,
et empestant ses rives par le nombre des victimes qu'ils y amon-
cèlent; brûlant des villes entières, telles que Bédouin et Orange,
des départemens entiers tels que la Vendée; ensevelissant sous des
décombres, et Lyon, et Toulon, trompant les victimes qui ont
échappé à leurs fureurs, pour les tuer plus sûrement, et pour ainsi
dire une seconde fois; exterminant ou chassant de leur territoire
et de leur propriété, comme *fédéralistes*, de misérables paysans,
qui ne savent ce que c'est que *fédéralisme* et *fédéraliste*, etc. etc.

Le langage dans lequel ils font trophée de ces épouvantables
forfaits n'est pas plus français que leur caractère, leurs mœurs,
leurs actions; il est horrible comme eux. Là ils écrivent que *sans
divertir à d'autres actes*, ils s'occupent de faire le procès aux coupables, et que, pour ne pas perdre de temps, les pionniers et
les juges travaillent de concert, de sorte que *tandis que le tribunal juge, les pionniers font la fosse*; et il n'y a jamais une
fosse de trop, tant les pionniers sont sûrs de leur fait. Quelquefois ils font les plaisans, et leur effroyable gaité s'exerce sur
ces sanglantes catastrophes. L'un d'eux, Lequinio, en mission à
Rochefort, envoie un marchand de bougies à la mort. « Le tribu-
» nal révolutionnaire va *le faire éclairer*, » écrit-il à la Convention qui trouve ce style fort bon, et qui d'ailleurs auroit toujours passé la forme en faveur du fond. Toujours cette *majorité
saine* de la Convention applaudit au crime, toujours elle l'excite;
jamais elle ne trouve trop d'exécutions, trop de meurtres, trop
d'assassinats, trop de pillages, trop de confiscations, trop d'in-
cendies : c'est ce que lui reprochèrent avec raison et Carrier et
Lebon, qu'elle osa accuser des excès qu'elle leur avoit demandés.
C'étoient de plaisans juges en effet que les Carrier et les Lebon, que
les Barrère, les Carnot, les Taillefer, les Roux-Fazillac, les
Garnier et les Bernard de Saintes, les Garreau, les Vadier, les
Maignen, les d'Artigoyte, et cent autres misérables de cette
espèce !

(3)

Comment cette Convention pouvoit-elle accuser et condamner
comme barbare et féroce un de ses membres, elle qui donna cet
affreux spectacle de barbarie et de férocité que nous choisissons
entre mille autres ! Un de ces bourreaux de la France qui se di-
soient ses représentans, nommé Léonard Bourdon, et justement
surnommé *Léopard* Bourdon, avoit, dans une orgie et à moitié
ivre, insulté le factionnaire placé devant l'Hôtel-de-Ville d'Orléans. La sentinelle se défend, et dans la rixe, l'épiderme du re-
présentant est légèrement effleurée par une baïonnette. Combien
de victimes faudra-t-il pour expier ce crime abominable, pour
venger la dignité d'un pareil personnage, et celle de la *nation*
qu'on prétend outragée dans la personne d'un Léonard Bourdon ?
On choisit neuf des principaux habitans d'Orléans ; on choisit les
plus riches, puisqu'il s'agit de confisquer leurs biens : ils sont
condamnés à mort. Une députation de leurs femmes, de leurs
enfans, de leurs parens, de leurs amis, se présente à la barre de
la Convention ; son entrée s'annonce par des gémissemens et des
cris de *grâce ! grâce !* Un orateur, dans un discours touchant,
atteste l'innocence des condamnés ; il en appelle à la générosité
de Léonard Bourdon lui-même. Léonard Bourdon se tait ; ses
odieux collègues demandent *l'ordre du jour.* Les pétitionnaires
tombent sur leurs genoux, se prosternent et prononcent des paroles
entrecoupées : on invoque avec plus de fureur *l'ordre du jour.* Un
des pétionnaires demande à mourir pour un de ses parens, citoyen
respectable, père de dix-neuf enfans, dont quatre sont aux armées ;
vains efforts, l'ordre du jour est adopté, et les neuf condamnés
sont livrés au bourreau !... Quelle autre assemblée de Cannibales eût donné un pareil exemple d'insensibilité et de barbarie !
A Auch, onze autres victimes expièrent la frayeur qu'avoit causée
à d'Artigoyte une brique tombée auprès de lui au spectacle, pous-
sée par le pied d'un soldat endormi.

Mais, s'écriera sans doute la *Renommée*, à quoi bon appeler
ces horreurs ? Mais lui répliquerons-nous pourquoi ne seroit-il
pas utile de les rappeler, lorsque vos rédacteurs ont l'impudence
de traiter bénignement ces horreurs de simples *égaremens*, lors-
qu'ils ne voient de terreur qu'en 1815 ? Il est vrai qu'en 1815,
vous étiez tout honteux, et qu'une opinion sévère, mais juste,
vous condamnoit à rougir : or, ne vaut-il pas mieux que Lyon et
Toulon soient détruits par le fer et par le feu, que la Vendée soit
incendiée, que la proscription s'étende sur les vieillards, les
femmes et les enfans, que la France entière soit couverte de décombres et de ruines, que ses rivières et son sol soient rougis du
sang de ses meilleurs citoyens, cela ne vaut-il pas mieux, disons-
nous, que si vos fronts étoient obligés de rougir de vos tergiversa-
tions politiques ? Voilà la véritable *terreur*, le reste n'est que des
égaremens, et cette manière de raisonner n'est pas particulière
à messieurs de *la Renommée*. Tout écrivain buonapartiste qui
a eu peur d'être honni, tout jacobin qui a craint de perdre sa
place de percepteur ou de juge de paix, paroît convaincu que
toutes les dévastations, tous les meurtres, tous les assassinats,
tous les forfaits de 1793 ne sont rien en comparaison de pareilles
craintes.

Cette salutaire et morale terreur de 1815, en bannissant les régicides, avoit du moins purgé le sol de la France de la plupart de ces monstres qui l'avoit couvert de sang et de crimes. L'auteur des Missionnaires de 1793 ne manque pas, après avoir déroulé, en parlant de chacun d'eux, une série de forfaits qui font dresser les cheveux à la tête, de remarquer qu'il est *victime de la terreur de 1815*, et l'objet de la tendre sollicitude des écrivains libéraux. Ceux-ci ne rougissent même pas d'appeler dans l'occasion ces hommes, la honte et l'horreur de l'humanité, des *citoyens vertueux*, des *vieillards respectables*, s'associant ainsi au crime par l'intérêt qu'ils portent au criminel. « Ils ne sont pas jugés, » s'écrient-ils avec fureur; mais que faut-il donc juger? Faisons abstraction de tout autre crime pour ne parler que du régicide. Qu'il y a-t-il, nous le répétons, à juger? Faut-il prouver qu'ils sont régicides, ou que le régicide est un crime? La première question n'est assurément pas douteuse; c'est donc la seconde qui est problématique à leurs yeux? Supposons qu'une lettre de cachet, moins légale assurément que le vœu des deux Chambres approuvé par le Roi, et applaudi par la nation entière, eût banni Ravaillac ou Damien, qui n'eût été révolté de voir leurs familles se plaindre qu'ils n'eussent pas été *jugés*; et cependant Ravaillac et Damien n'avoient pas commis la centième partie des forfaits qui ont souillé la vie des conventionnels régicides.

Et ce sont de pareils hommes, chassés de la France, on peut le dire, par la France entière, que les ministres ont osé y rappeler par une simple ordonnance! et ils s'étonnent ensuite qu'un département ait envoyé un régicide à la Chambre des Députés! et ils accusent même les royalistes de cette nomination! On peut dire que parmi tous les actes qui ont signalé leur malheureux système, et leur funeste administration, il n'en est point qui ait plus révolté les esprits, et qui soit plus anti-national et plus anti-français. Autant les royalistes s'attendoient à voir rappeler les autres bannis, la plupart très coupables sans doute, mais tous jetés sur une liste capricieuse qui n'avoit été adoptée par la Chambre fidèle et généreuse de 1815, que par respect pour la proposition royale, autant ils avoient droit d'espérer que le sol français ne seroit plus souillé par les hommes qui s'étoient à jamais rendus exécrables par un crime affreux suivi de cent autres crimes épouvantables. Les ministres de l'auguste frère de Louis XVI, en ont jugé autrement.

L'Histoire des *Missionnaires et des Missions de 93* mettra sous les yeux des lecteurs les titres de ces hommes à tant d'indulgence. Au récit de leurs exploits révolutionnaires, l'auteur joint souvent des commentaires curieux, des réflexions piquantes, des rapprochemens intéressans, de petites dissertations pleines de justesse sur la terreur de 1815, sur les *réactions*, etc. Il prouve très bien que les révolutionnaires appellent *réaction* tout ce qui les empêche d'*agir* dans leur sens; qu'ils se plaignent, par exemple, beaucoup de la *réaction* de juillet 1815, mais jamais de l'*action* du 20 mars de la même année, et de toutes les oppressions qui en furent la suite. Nous voudrions pour toute vengeance faire lire ce livre aux écrivains libéraux, jacobins ou buonapartistes, qui prétendent que les régicides n'ont pas été *jugés*, et aux ministres qui les ont rappelés.

www.ingramcontent.com/pod-product-compliance
Lightning Source LLC
Chambersburg PA
CBHW071314030726
47594CB00002B/422